絶対『英語の口』になる!

中学英語で基礎から鍛える

シャドーイング大特訓50

長尾和夫＋アンディ・バーガー●著

三修社

Preface はじめに

　シャドーイングとは、ネイティヴのナチュラルな英文の音声に**ほんの少し（0.5秒ほど）遅れながらぴったりと着いて、ネイティヴの英語をそっくり真似しながら自分自身で発話するトレーニング**です。
　特に初心者が**基本的な文法内容の英文を繰り返しシャドーイング**することは、英語の多様な機能表現をカラダに定着させ、自らの発話能力を高めることに大きく貢献してくれます。

　シャドーイングのトレーニングを継続的に行うことで、学習者は、具体的に次のような能力を身につけることが可能です。
- ❶ ネイティヴが話す自然な速度の英語を聴解する基礎的なリスニング力が身につく。ネイティヴの発音変化の基本的な特徴やリズムがわかる。[**理解力・リスニング力**]
- ❷ ネイティヴ・スピードの美しい英文をシャドーイングすることで、きれいな発音と正確な英文を無意識にカラダに染み込ませることができる [**発音力・英語の脳トレ**]
- ❸ 正しい英文を正しい発音で瞬時に、また変形・応用させながら発話できる反射神経を鍛えることができる。[**スピーキング力・応用的な発話能力**]

　シャドーイングは地味なトレーニングではありますが、実はこのように効果絶大な語学学習法のひとつなのです。

　本書では、上述の効果をもつトレーニングを紙面で実現するために、
「中学レベルの英文のシャドーイング」
を採用することにしました。
　中学校で学んだやさしい文法の英文ばかりを使用することで、初級英会話に必須の**構文や文型、ボキャブラリーを効率よく吸収**していただくためです。
　中学英語ではやさしすぎるのではないかという意見もあるかもしれませんが、本書は中級（もしくは上級）の学習者のみなさんにも十分に利用していただくことが可能です。なぜなら、**単なる英文の理解と、「シャドーイングにおける瞬時の聴解や発話」とは根本的にレベルの異なる作業**だからです。
　いくら文字面で英語が理解できても、聴き取れない、あるいは自分では話せないのが実際の英会話というものです。だからこそ、みなさん、なかなか英会話が身につかないと悩んでるのです。

なぜいつまでたっても英会話ができないのかと言えば、それは本書で紹介するシャドーイング・トレーニングのようなアウトプットの練習の欠落、あるいは大幅な不足に大きな原因があるためです。

ですから、本書の内容が基本的な文法の英文ばかりだからとバカにせず、一度、本書を使ってシャドーイングにトライしてみてください。**思いのほか難しいことに舌を巻いてしまう方も多いことでしょう。**

自分では英語はまあまあできると思っている人でさえ、こと**シャドーイングとなると、それほどかんたんにはいかないもの**なのです。

本書の各ユニットでは、自分を紹介する平易なショート・モノローグ（40秒前後）の完全なシャドーイングを目指しますが、1～4のステップで徐々に本格的なシャドーイング練習に導きます。ステップ4が本来のシャドーイングと言える部分ですが、それ以前の3ステップでその準備を行います。

Step 1	センテンス単位で文法・語い・発音をチェック。**センテンスの理解学習**
Step 2	スロー・スピードのCD音声に合わせて、**センテンス単位のシャドーイング練習**
Step 3	ナチュラル・スピードのCD音声に合わせて、**センテンス単位のシャドーイング練習**
Step 4	ナチュラル・スピードのCD音声に合わせて、**モノローグ全体をシャドーイング練習**
Step 5	追加のシャドーイング。**テーマに関連した多様な表現をシャドーイング練習**

ステップ1では、文法事項や語句、発音のポイントの解説をこまかく施し、英会話初級者でも学習に困らないような仕組みとなってます。このステップをヒントに英文を徹底的に理解しましょう。

次に、ステップ2と3では、センテンスごとに、スロー・スピードとナチュラル・スピードの2段階でシャドーイングを行います。やさしいセンテンスを繰り返しシャドーイングすることで、基本的な英語の構造がカラダに染み込み、自分の中に取り込まれます。また、自分の中から自然と英語が口をついて出てくるようになり、ネイティヴらしい発音も定着します。

それぞれのステップでは、最初にテキストを開き文字を見ながらシャドーイングを行いましょう。それが完全にできるようになれば、テキストを伏せ CD の音声だけを頼りにシャドーイング特訓を行ってください。CD の音声だけでシャドーイングできるようになれば各ステップは合格です。**CD 音声だけでのシャドーイングは特に難しいので、くじけず忍耐強く特訓を続けましょう。**

　次のステップ 4 では、ステップ 1 ～ 3 で学んだ内容をひとまとめにしたモノローグをナチュラル・スピードの自然な英語に合わせてシャドーイングします。ある程度の長さをもったモノローグのシャドーイングを行うことで、ここまでに学習した英文をいっそう定着させることが可能です。
　ここでも、まずはテキストを見ながら、その後テキストを伏せて CD のみのシャドーイングにチャレンジしましょう。ステップ 2、3 と同様に、CD 音声だけでのシャドーイングが完璧にできるようになるまで練習することが大切です。

　シャドーイングに使用するモノローグには、自分のことを紹介する文章を取り上げているため、実際の英会話にも十分に役立つ表現がたくさん身につきます。50 の各モノローグで使われている単語やフレーズを身につけることは、みなさん自身の情報発信にも大いに役立ってくれることでしょう。

　応用学習である最後のステップ 5 では、読者自身のことをもっと話していただくヒントにしてもらうため、さらに 10 センテンスほどのシャドーイング素材を提供しています。意欲と余力のある読者のみなさんには、ここでさらに多くのボキャブラリーとセンテンス・パターンを学習してもらうことが可能です。

　これら 5 ステップのトレーニングを終えたとき、あるいは何度も練習を積み重ねたとき、読者のみなさんは、平易な中学英語を駆使して自分のことを美しく正確な英語でどんどん話せるようになっているはずです。
　英会話**スピーキング学習の王道**のひとつとも言えるシャドーイング・トレーニングとその効果を、ぜひ読者のみなさんにも本書で体験していただきたいと思っています。
　最後になりますが、本書の出版にご尽力いただいた三修社のスタッフのみなさまに心より感謝申し上げます。

2013 年元旦
A+Café 代表　長尾和夫

How to Use 本書の使い方

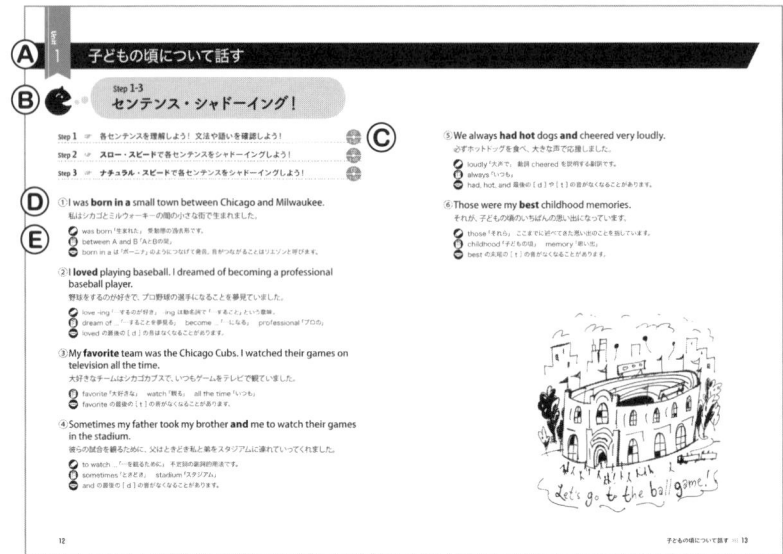

A: ユニット番号＋タイトル：当該ユニットの番号とタイトルです。

B: Step 1-3　センテンス・シャドーイング！
- **Step 1　センテンス単位で文法・語彙・発音をチェック。センテンスの理解学習**
  文法事項や語句、発音のポイントの解説をチェックして英文を完全に理解しましょう。
- **Step 2　スロー・スピードの CD 音声に合わせて、センテンス単位のシャドーイング**
  各センテンスをスロー・スピードでシャドーイングしましょう。最初は本を見ながらシャドーイング練習。できるようになったら、本を伏せて CD 音声だけを頼りにシャドーイング練習を行います。
- **Step 3　ナチュラル・スピードの CD 音声に合わせて、センテンス単位のシャドーイング**
  各センテンスをナチュラル・スピードでシャドーイングします。ここでも最初は本を見ながらシャドーイング練習を行い、できるようになったら、本を伏せて CD 音声だけを頼りにシャドーイング練習を行います。

C: CD アイコン
各ステップで利用する CD のトラックナンバーを参照してください。

D: シャドーイング用センテンス
　①〜⑧までのセンテンスを使ってシャドーイング学習を行います（ユニットのよってセンテンス数は異なります）。CD にはステップ2に用いるスロー・スピードの音声とステップ3で用いるナチュラル・スピードの音声が入っています。p. 12 のユニット1では、ステップ2のシャドーイングにはトラック 1-01 を、ステップ3のシャドーイングにはトラック 1-02 を用いることがわかります。

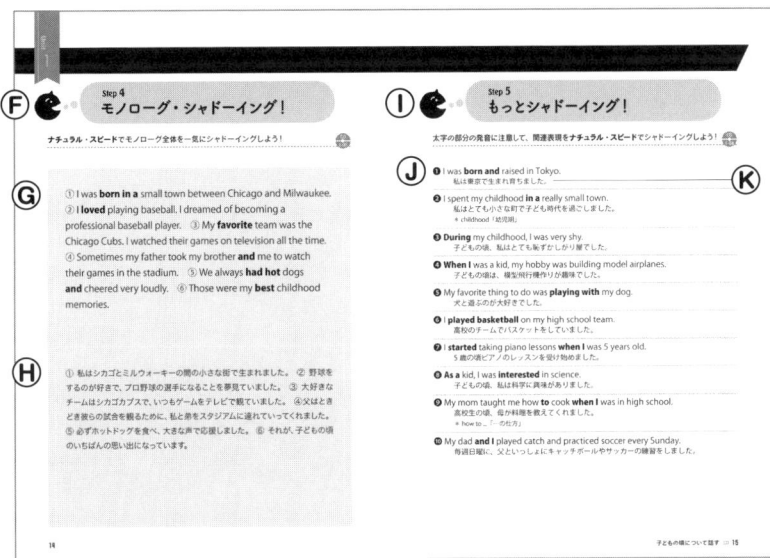

E: 各種アイコン
　●：基本的な文法の説明を施しています。
　●：センテンスに登場するボキャブラリーの解説です。
　●：発音するときの注意事項を掲載してあります。

F: Step 4　モノローグ・シャドーイング！
　ナチュラル・スピードの CD 音声に合わせて、モノローグ全体をシャドーイング

　ステップ1〜3で学習したセンテンスを、ひとつながりのモノローグにして掲載してあります。ナチュラル・スピードのモノローグを CD で聴きながらシャドーイング特訓を行います。ここでも、最初は本を見ながら、できるようになったら本を伏せてシャドーイング練習を行いましょう。

G: 英文モノローグ：モノローグの英文です。

H: モノローグ日本語訳：モノローグの日本語訳です。

I: Step 5　もっとシャドーイング！
　追加のシャドーイング練習。テーマに関連した多様な表現をシャドーイング

　ユニットと同じのテーマの英文を 10 センテンスずつ用意しました。さらに多くの表現を、シャドーイングを通して身につけましょう。シャドーイングの練習方法は、ステップ1〜4と同様です。

J: 応用英文センテンス：「もっとシャドーイング！」で使う応用センテンスです。

K: 応用センテンス日本語訳：応用英文センテンスの日本語訳です。

Contents もくじ

はじめに ... 3
本書の使い方 ... 6

| Unit 01 | 子どもの頃について話す ... 12
| Unit 02 | 子どもの頃の夢について話す ... 16
| Unit 03 | 故郷の町について話す ... 20
| Unit 04 | 自分の性格について話す ... 24
| Unit 05 | 家族について話す ... 28
| Unit 06 | 両親について話す ... 32
| Unit 07 | 兄弟姉妹について話す ... 36
| Unit 08 | ペットについて話す ... 40
| Unit 09 | 高校時代について話す ... 44
| Unit 10 | 大学時代について話す ... 48
| Unit 11 | 大学の友人について話す ... 52
| Unit 12 | アルバイトについて話す ... 56
| Unit 13 | サークルについて話す ... 60
| Unit 14 | ボランティアについて話す ... 64
| Unit 15 | 食べ物について話す ... 68
| Unit 16 | スイーツについて話す ... 72
| Unit 17 | 嗜好品について話す ... 76
| Unit 18 | お酒について話す ... 80
| Unit 19 | 好きな街について話す ... 84
| Unit 20 | お気に入りの店について話す ... 88
| Unit 21 | 趣味について話す（屋外）... 92
| Unit 22 | 趣味について話す（スポーツ）... 96
| Unit 23 | 趣味について話す（旅行）... 100
| Unit 24 | 趣味について話す（室内）... 104
| Unit 25 | 恋愛について話す ... 108

Unit	タイトル	ページ
Unit 26	結婚について話す	112
Unit 27	理想の結婚式について話す	116
Unit 28	子どもについて話す	120
Unit 29	子どもの教育について話す	124
Unit 30	近隣のことについて話す	128
Unit 31	夢や目標について話す	132
Unit 32	家について話す	136
Unit 33	庭・園芸について話す	140
Unit 34	読書について話す	144
Unit 35	ショッピングについて話す	148
Unit 36	ファッションについて話す	152
Unit 37	習い事について話す	156
Unit 38	生涯学習・資格について話す	160
Unit 39	テレビ番組について話す	164
Unit 40	映画について話す	168
Unit 41	音楽・美術について話す	172
Unit 42	通勤について話す	176
Unit 43	過去の仕事について話す	180
Unit 44	自分の会社について話す	184
Unit 45	自社サービスについて話す	188
Unit 46	自分の部署について話す	192
Unit 47	同僚について話す	196
Unit 48	給料・福利厚生について話す	200
Unit 49	仕事の苦労について話す	204
Unit 50	仕事の楽しみについて話す	208

Shadowing for Better Speaking
with Junior High Level English

....

絶対『英語の口』になる！
中学英語で基礎から鍛える ◎ シャドーイング大特訓 50

Unit 1 子どもの頃について話す

Step 1-3 センテンス・シャドーイング！

Step 1 ☞ 各センテンスを理解しよう！ 文法や語いを確認しよう！ (CD 1-01)
Step 2 ☞ **スロー・スピード**で各センテンスをシャドーイングしよう！ (CD 1-01)
Step 3 ☞ **ナチュラル・スピード**で各センテンスをシャドーイングしよう！ (CD 1-02)

①I was **born in a** small town between Chicago and Milwaukee.
私はシカゴとミルウォーキーの間の小さな街で生まれました。

- was born「生まれた」 受動態の過去形です。
- between A and B「AとBの間」
- born in a は「ボーニナ」のようにつなげて発音。音がつながることはリエゾンと呼びます。

②I **loved** playing baseball. I dreamed of becoming a professional baseball player.
野球をするのが好きで、プロ野球の選手になることを夢見ていました。

- love -ing「…するのが好き」 -ing は動名詞で「…すること」という意味。
- dream of ...「…することを夢見る」 become ...「…になる」 professional「プロの」
- loved の最後の [d] の音はなくなることがあります。

③My **favorite** team was the Chicago Cubs. I watched their games on television all the time.
大好きなチームはシカゴカブスで、いつもゲームをテレビで観ていました。

- favorite「大好きな」 watch「観る」 all the time「いつも」
- favorite の最後の [t] の音がなくなることがあります。

④Sometimes my father took my brother **and** me to watch their games in the stadium.
彼らの試合を観るために、父はときどき私と弟をスタジアムに連れていってくれました。

- to watch ...「…を観るために」 不定詞の副詞的用法です。
- sometimes「ときどき」 stadium「スタジアム」
- and の最後の [d] の音がなくなることがあります。

⑤ We always **had hot** dogs **and** cheered very loudly.
必ずホットドッグを食べ、大きな声で応援しました。

- loudly「大声で」 動詞 cheered を説明する副詞です。
- always「いつも」
- had, hot, and 最後の [d] や [t] の音がなくなることがあります。

⑥ Those were my **best** childhood memories.
それが、子どもの頃のいちばんの思い出になっています。

- those「それら」 ここまでに述べてきた思い出のことを指しています。
- childhood「子どもの頃」　memory「思い出」
- best の末尾の [t] の音がなくなることがあります。

Step 4 モノローグ・シャドーイング！

ナチュラル・スピードでモノローグ全体を一気にシャドーイングしよう！

① I was **born in a** small town between Chicago and Milwaukee. ② I **loved** playing baseball. I dreamed of becoming a professional baseball player.　③ My **favorite** team was the Chicago Cubs. I watched their games on television all the time. ④ Sometimes my father took my brother **and** me to watch their games in the stadium.　⑤ We always **had hot** dogs **and** cheered very loudly.　⑥ Those were my **best** childhood memories.

① 私はシカゴとミルウォーキーの間の小さな街で生まれました。　② 野球をするのが好きで、プロ野球の選手になることを夢見ていました。　③ 大好きなチームはシカゴカブスで、いつもゲームをテレビで観ていました。　④ 彼らの試合を観るために、父はときどき私と弟をスタジアムに連れていってくれました。　⑤ 必ずホットドッグを食べ、大きな声で応援しました。　⑥ それが、子どもの頃のいちばんの思い出になっています。

Step 5
もっとシャドーイング！

太字の部分の発音に注意して、関連表現を**ナチュラル・スピード**でシャドーイングしよう！

❶ I was **born and** raised in Tokyo.
　私は東京で生まれ育ちました。

❷ I spent my childhood **in a** really small town.
　私はとても小さな町で子ども時代を過ごしました。
　＊ childhood「幼児期」

❸ **During** my childhood, I was very shy.
　子どもの頃、私はとても恥ずかしがり屋でした。

❹ **When I** was a kid, my hobby was building model airplanes.
　子どもの頃は、模型飛行機作りが趣味でした。

❺ My favorite thing to do was **playing with** my dog.
　犬と遊ぶのが大好きでした。

❻ I **played basketball** on my high school team.
　高校のチームでバスケットをしていました。

❼ I **started** taking piano lessons **when I** was 5 years old.
　5歳の頃ピアノのレッスンを受け始めました。

❽ **As a** kid, I was **interested** in science.
　子どもの頃、私は科学に興味がありました。

❾ My mom taught me how **to** cook **when I** was in high school.
　高校生の頃、母が料理を教えてくれました。
　＊ how to ...「…の仕方」

❿ My dad **and I** played catch and practiced soccer every Sunday.
　毎週日曜に、父といっしょにキャッチボールやサッカーの練習をしました。

子どもの頃について話す

Unit 2 子どもの頃の夢について話す

Step 1-3 センテンス・シャドーイング！

Step 1 ☞ 各センテンスを理解しよう！ 文法や語いを確認しよう！
Step 2 ☞ **スロー・スピード**で各センテンスをシャドーイングしよう！
Step 3 ☞ **ナチュラル・スピード**で各センテンスをシャドーイングしよう！

① My big dream **as a** kid was to be a television announcer!

子どもの頃の私の大きな夢はアナウンサーになることでした！

- to be「…になること」 不定詞の名詞的用法です。
- as a kid「子どもとしての」
- as a の2語の音をつなげて [アザ] のように発音しましょう。

② When I watched them on television, I thought they had the **greatest** job in the world.

アナウンサーをテレビで観ると、世界でいちばんすばらしい仕事に就いているなあと思っていました。

- When ...「…のとき」 時間を表す接続詞です。
  I thought (that) ...「…ということを思った」 that ... 以下は「…ということ」という意味の名詞節です。
  greatest「最もすばらしい」 形容詞の最上級です。
- greatest の [t] が跳ねるような音に変わり、[グレイディ [リ] スト] と発音します。

③ They **traveled to** so many places. They looked so intelligent! Plus, I really **wanted to** be on television!

とてもたくさんの場所に旅をし、とても知的に見えました！ それに、私はほんとうにテレビに出たかったんです！

- look intelligent「知的に見える」 intelligent は補語 (C) です。
- Plus ...「それに…；さらに…；そのうえ…」 be on television「テレビに出る」
- traveled to や wanted to の [d] の音がなくなることがあります。wanted からは、さらに [t] の音が消えることもあります。

④ And of course, I **thought that** they were all beautiful!

そして、もちろん、アナウンサーはみんなとても美しいと思いました！

- I thought that ... の that は名詞節を作ります。that 以下は「…ということ」という意味です。
- of course「もちろん」
- thought の末尾の [t] 音がなくなることがあります。

⑤ I think there were a **lot of** girls my age who felt the same way.

同じふうに感じていた同年代の女の子はたくさんいたと思います。

- there were ...「…がいる；…がある」存在を表す構文です。
  who ... は主格の関係代名詞。girls を説明しています。
- girls my age「私の年代の女の子」
- lot of は [ラッタヴ] ではなく、[ラッダ [ラ] ヴ] のように発音してみましょう。

⑥ Now I'm **grown up**, and I'm studying to be a doctor.

いまは私も大人になり、医者になるために勉強をしています。

- grown は grow の過去分詞です。
  to be ...「…になるために」不定詞の副詞的用法。
- be grown up「大人になる」
- grown up は音が連なって [グロウナップ] のように発音します。

⑦ **But I** still think it must be fun to be an announcer.

でも、アナウンサーになるのは楽しいだろうなといまでも思っています。

- must は「…に違いない」確信を表す助動詞です。
  it ... to ... の to ... 以下が、仮主語 it の内容を表しています。
- fun「楽しみ」
- But I は、[バッタイ] ではなく、[バッダ [ラ] イ] のような跳ねるような発音になります。

子どもの頃の夢について話す ⟫ 17

Step 4
モノローグ・シャドーイング！

ナチュラル・スピードでモノローグ全体を一気にシャドーイングしよう！

① My big dream **as a** kid was to be a television announcer! ② When I watched them on television, I thought they had the **greatest** job in the world. ③ They **traveled to** so many places. They looked so intelligent! Plus, I really **wanted to** be on television! ④ And of course, I **thought that** they were all beautiful! ⑤ I think there were a **lot of** girls my age who felt the same way. ⑥ Now I'm **grown up**, and I'm studying to be a doctor. ⑦ **But I** still think it must be fun to be an announcer.

① 子どもの頃の私の大きな夢はアナウンサーになることでした！ ② アナウンサーをテレビで観ると、世界でいちばんすばらしい仕事に就いているなあと思っていました。 ③ とてもたくさんの場所に旅をし、とても知的に見えました！ それに、私はほんとうにテレビに出たかったんです！ ④ そして、もちろん、アナウンサーはみんなとても美しいと思いました！ ⑤ 同じふうに感じていた同年代の女の子はたくさんいたと思います。 ⑥ いまは私も大人になり、医者になるために勉強をしています。 ⑦ でも、アナウンサーになるのは楽しいだろうなといまでも思っています。

Step 5 もっとシャドーイング！

太字の部分の発音に注意して、関連表現を**ナチュラル・スピード**でシャドーイングしよう！

❶ I always **wanted to** be a professional musician.
いつもプロの音楽家になりたいと思っていました。

❷ I gave up my dream of being a pro baseball player.
プロ野球選手になる夢をあきらめました。
＊ give up「あきらめる」

❸ More than anything, I **wanted to** own a cake shop!
私はなによりもケーキ店を持ちたかったんです！
＊ more than ...「…よりも」 own「所有する」

❹ Being a nurse seemed like the **best** job of all.
看護師こそが最高の仕事だと思えていました。
＊ being「であること；なること」 seem like ...「…に思える」

❺ My dream job was to draw **comic books**.
私の夢は漫画本を描くことでした。

❻ **As a** child, I looked **up to** teachers.
子どもの頃は、先生を尊敬していました。
＊ as a child「子どもとして」 look up to ...「…を尊敬する」

❼ I studied hard, because I hoped I **could be** a doctor.
医者になることを希望していたので、懸命に勉強しました。

❽ My only wish was to be a ballerina.
私の唯一の夢はバレリーナになることでした。

❾ **Playing** soccer for a J League team was all I **could think about**!
Jリーグのチームでサッカーをすることしか考えられませんでした！

❿ From a young age, I knew I **wanted to** be an artist.
若い頃から、芸術家になりたいと思っていました！
＊ artist「芸術家」

子どもの頃の夢について話す ≫ 19

Unit 3 故郷の町について話す

Step 1-3 センテンス・シャドーイング！

Step 1 ☞ 各センテンスを理解しよう！ 文法や語いを確認しよう！
Step 2 ☞ **スロー・スピード**で各センテンスをシャドーイングしよう！
Step 3 ☞ **ナチュラル・スピード**で各センテンスをシャドーイングしよう！

①I grew up close to the sea, near Odawara. I **learned to** swim at a very young age.

私は小田原の近くの海辺で育ちました。とても小さな頃に泳ぎを覚えました。

- learn to ...「…することを覚える」 to ... は不定詞の名詞的用法。
- close to ...「…の近くで」
- learned to の [d] の音がなくなることがあります。

②During summer, I **went to** the beach every day. When I **moved to** Tokyo, I missed seeing the ocean.

夏の間は、毎日ビーチに行きました。東京へ引っ越したときは、海が見られずさみしい思いをしました。

- When ...「…のとき」 時間を表す接続詞です。
  miss -ing「…がなくてさみしい」 -ing は動名詞です。
- went to や moved to の最後の [t] や [d] の音がなくなることがあります。

③My town gets lots of tourists in summer, **but in** the winter **it is** very quiet. There really isn't all that much to do.

私の町は夏には多くの旅行者を受け入れていますが、冬にはとても静かです。実際あまりやることもありません。

- ... to do「やるべき…」 to do は不定詞の形容詞的用法です。
- tourist「観光客」
- but in は [バッティン] ではなく、[バッディ [リ] ン] と、跳ねるように発音してみましょう。it is も [イッティズ] ではなく [イッディ [リ] ズ] としましょう。

④ The people who live there are **pretty** friendly. Most of them live really simple lives.
　住んでいる人たちはとても人なつっこく、ほとんどの人はとてもシンプルな生活を送っています。

- who は主格の関係代名詞。The people を説明しています。
- live simple lives「シンプルな生活を送る」
- pretty は［プリティー］ではなく、［プリディ［リ］ー］のように跳ねるように発音しましょう。

⑤ They just fish, or farm, or run small restaurants or inns.
　単純に漁や農業をしたり、小さなレストランや旅館を営んだりという暮らしです。

- fish「釣りをする；漁をする」　farm「耕作する」　inn「旅館」

⑥ Most young people leave home and move to **cities**.
　若者はほとんど家を出て都会に引っ越します。

- most「ほとんどの」
- cities は［シティーズ］ではなく、［シティ［リ］ーズ］のように跳ねるように発音します。

⑦ All my closest friends **live in** Tokyo or Yokohama now.
　いま、私の親友はみんな東京か横浜で暮らしています。

- closest「もっとも身近な」　形容詞 close の最上級です。
- live in は［リヴィン］のように連なった発音にしましょう。

Step 4
モノローグ・シャドーイング！

ナチュラル・スピードでモノローグ全体を一気にシャドーイングしよう！

① I grew up close to the sea, near Odawara. I **learned to** swim at a very young age. ② During summer, I **went to** the beach every day. When I **moved to** Tokyo, I missed seeing the ocean. ③ My town gets lots of tourists in summer, **but in** the winter **it is** very quiet. There really isn't all that much to do. ④ The people who live there are **pretty** friendly. Most of them live really simple lives. ⑤ They just fish, or farm, or run small restaurants or inns. ⑥ Most young people leave home and move to **cities**. ⑦ All my closest friends **live in** Tokyo or Yokohama now.

① 私は小田原の近くの海辺で育ちました。とても小さな頃に泳ぎを覚えました。 ② 夏の間は、毎日ビーチに行きました。東京へ引っ越したときは、海が見られずさみしい思いをしました。 ③ 私の町は夏には多くの旅行者を受け入れていますが、冬にはとても静かです。実際あまりやることもありません。 ④ 住んでいる人たちはとても人なつっこく、ほとんどの人はとてもシンプルな生活を送っています。 ⑤ 単純に漁や農業をしたり、小さなレストランや旅館を営んだりという暮らしです。 ⑥ 若者はほとんど家を出て都会に引っ越します。 ⑦ いま、私の親友はみんな東京か横浜で暮らしています。

Step 5
もっとシャドーイング！

太字の部分の発音に注意して、関連表現を**ナチュラル・スピード**でシャドーイングしよう！

---

❶ My home town is deep in the **mountains** of Akita.
　私の故郷は秋田の山奥にあります。

❷ I grew up **in a** quiet fishing village.
　私は静かな漁村で育ちました。

❸ I'm from Osaka, Japan's second most **important** city.
　私は大阪出身です。日本第二の重要な都市なんです。

❹ My home town is known for its delicious seafood.
　故郷はおいしいシーフードで有名です。
　＊ be known for ...「…で知られている」

❺ Most of the people in my home village are farmers.
　故郷の村の人のほとんどは農家をやっています。

❻ I grew up in the suburbs on the **west side** of Tokyo.
　東京の西の郊外で育ちました。
　＊ suburbs「郊外」

❼ I was **actually** born overseas, in California.
　実は海外のカリフォルニアの生まれなんです。

❽ We moved from my hometown **when I** was twelve.
　私が12歳の頃、故郷の町から引っ越しました。

❾ People from my village are very **friendly** and hard working.
　うちの村の人たちはとても人なつっこくて働き者です。

❿ My hometown is famous for its night view.
　故郷は夜景が有名です。
　＊ be famous for ...「で有名だ」

Unit 4 自分の性格について話す

Step 1-3
センテンス・シャドーイング！

Step 1 ☞ 各センテンスを理解しよう！ 文法や語いを確認しよう！
Step 2 ☞ **スロー・スピード**で各センテンスをシャドーイングしよう！
Step 3 ☞ **ナチュラル・スピード**で各センテンスをシャドーイングしよう！

① I have one **big problem**.
私にはひとつ大きな問題があるんです。

- problem「問題」
- big problem の [g] の音がなくなることがあります。

② I am a worrier! I worry **about everything**.
私は心配性なんですよ！ 何事も心配で仕方ないのです。

- worrier「心配性の人」　worry about ...「…のことで悩む」　everything「すべてのこと」
- about の [t] の音がなくなることがあります。[t] は跳ねるような音になることもあります。

③ I am always afraid **that** something will go wrong.
なにかがうまくいかないのではないかと、いつでも恐れているんです。

- afraid that ...「…ということを恐れて」　that ... 以下は「…すること」という意味の名詞節です。
- afraid「恐れて」
- that の [t] の音がなくなることがあります。

④ So I usually go someplace a half hour early, because I don't **want to** be late!
だから通常どこかへ行くときは30分前に行きます。遅れたくないんですよ！

- because ...「…なので」　理由を表す節を作ります。
- someplace「どこかへ」
- want to の want の [t] の音がなくなることがあります。また、[ウォナ] と発音されることもあります。

⑤ Or **when I** travel, I **pack and unpack** my suitcase **over and over**.
また、旅行するときには何度も何度も荷物をまとめたりほどいたりするんです。

- when ...「…のとき」 時間を表す副詞節を作ります。
- pack「荷造りする」　over and over「何度も；繰り返し」
- when I は音がつながり [ウェナイ] と発音されます。pack and unpack や over and over の [d] の音がなくなることがあります。

⑥ It's a waste of time, **but I** am afraid I forgot something!
時間の無駄ではあるんですが、なにかを忘れているんじゃないかと心配なんです。

- I'm afraid (that) ...「…が心配だ」　that ... は「…ということが」という意味です。
- waste of time「時間の無駄」　forgot「忘れた」
- but I は [バッタイ] ではなく [バッダ [ラ] イ] と跳ねるような発音になります。

⑦ My husband always tells me I **need to** learn to relax more, **but I** don't think I can change.
夫はいつももっとのんびりすることを覚えなきゃダメだと言いますが、私は変われそうにありません。

- tell me (that) ...「…と言う」　that はここでも「…ということ」という意味で使われています。
  need to learn to ...「…することを学ぶ必要がある」　この to ... は、どちらも不定詞の名詞的用法です。
- relax「リラックスする；くつろぐ」　more「もっと」　change「変わる」
- need to の [d] の音がなくなることがあります。but I は音がつながりますが、[バッタイ] ではなく [バッダ [ラ] イ] と跳ねるような音になります。

Step 4
モノローグ・シャドーイング！

ナチュラル・スピードでモノローグ全体を一気にシャドーイングしよう！

① I have one **big problem**. ② I am a worrier! I worry **about everything**. ③ I am always afraid **that** something will go wrong. ④ So I usually go someplace a half hour early, because I don't **want to** be late! ⑤ Or **when I** travel, I **pack and unpack** my suitcase **over and over**. ⑥ It's a waste of time, **but I** am afraid I forgot something! ⑦ My husband always tells me I **need to** learn to relax more, **but I** don't think I can change.

① 私にはひとつ大きな問題があるんです。 ② 私は心配性なんですよ！ 何事も心配で仕方ないのです。 ③ なにかがうまくいかないのではないかと、いつでも恐れているんです。 ④ だから通常どこかへ行くときは30分前に行きます。遅れたくないんですよ！ ⑤ また、旅行するときには何度も何度も荷物をまとめたりほどいたりするんです。 ⑥ 時間の無駄ではあるんですが、なにかを忘れているんじゃないかと心配なんです。 ⑦ 夫はいつももっとのんびりすることを覚えなきゃダメだと言いますが、私は変われそうにありません。

Step 5
もっとシャドーイング！

太字の部分の発音に注意して、関連表現を**ナチュラル・スピード**でシャドーイングしよう！

---

❶ I **tend to** be very shy among people I don't know.
　　私は知らない人の中ではとても恥ずかしがり屋です。
　　＊ tend to ...「…しがちだ」

❷ People say I am too focused on details.
　　私は、細かなことにこだわりすぎると言われます。
　　＊ be focused on ...「…の意識が強い」

❸ I think I'm an optimist. I always try to think positively.
　　私は楽天家だと思います。いつもポジティヴに考えるようにしています。

❹ I'm not very organized, **but I am** trying to change.
　　私はあまり几帳面ではないので、変わりたいと思っています。
　　＊ organized「整理された；几帳面な」

❺ I'm **kind of a** loner. I just **need a** book or some good music to be happy.
　　私はある意味ひとりでいるのが好きなんです。本やいい音楽があれば幸せです。
　　＊ loner「ひとりが好きな人」

❻ I'm a people person! I have lots of friends!
　　私は社交家です！友人がたくさんいます！

❼ My key word is 'active'! I am always busy!
　　私のキーワードは「行動的」です！いつも忙しくしています！

❽ I **tend to** hide my true feelings.
　　私は自分のほんとうの気持ちを隠しがちです。

❾ The main thing **about me** is **that I** am always **trying to** improve.
　　いつも向上しようとしているのが私なんです。
　　＊ main thing「肝心なこと」

❿ I love to learn new things. I'm a very curious person.
　　新しいことを学ぶのが好きです。好奇心旺盛なんです。
　　＊ curious「好奇心のある」

Unit 5 家族について話す

Step 1-3 センテンス・シャドーイング！

Step 1 ☞ 各センテンスを理解しよう！ 文法や語いを確認しよう！
Step 2 ☞ **スロー・スピード**で各センテンスをシャドーイングしよう！
Step 3 ☞ **ナチュラル・スピード**で各センテンスをシャドーイングしよう！

① **Everyone in my family loves sports.**
私の家族はみんなスポーツが大好きです。

- everyone「みんな；どの人も」 単数扱いなので、動詞は loves とします。

② **My father and mother are in their late fifties, but they still play tennis almost every weekend.**
父と母は50代後半ですが、いまだに、ほぼ毎週末テニスをしています。

- in one's late fifties「50代の終わりのほう」
- in their は [イン・ゼア] ではなく、[イネア] と発音されることがあります。

③ **They have been tennis partners for more than thirty years!**
30年以上もテニスのパートナーなんです！

- more than ...「…より多く」
- have been は弱くなり [アヴビン] と発音されることがあります。thirty は [サーディ [リ] ー] のように跳ねるような発音になります。

④ **My older sister plays tennis too. She's really good.**
姉もテニスをしますが、彼女はとてもうまいんです。

- ... too「…も」 否定文では ... either を使います。
- older「年上の」

⑤ **Neither my brother nor I play tennis. My brother is on his university judo team.**
私の弟と私はテニスをしません。弟は大学の柔道部に所属しています。

- neither A nor B ...「AもBもどちらも…ない」
- university「大学」
- university は [ユニヴァーシディ [リ] ー] と跳ねるような発音になります。

⑥ I play **basketball**. Women's basketball is **not popular** in Japan, unfortunately.
　私はバスケットをやっています。残念ながら女子バスケは日本ではあまり人気がありません。

　　🔘 unfortunately は「残念ながら」という意味の副詞です。
　　📖 popular「人気のある」
　　🔘 basketball は [バスケッ＿ボール] のように [t] の音がなくなります。not popular も [t] の音がなくなり [ナッ＿パピュラー] と発音されます。

⑦ I'm the **captain** of my university team.
　私は大学のチームのキャプテンを務めています。

　　🔘 captain は [キャプトゥン] ではなく [キャプンン] のように鼻にかかった発音になります。CDで確認しましょう。

Step 4 モノローグ・シャドーイング！

ナチュラル・スピードでモノローグ全体を一気にシャドーイングしよう！

① Everyone in my family loves sports. ② My father and mother are **in their** late fifties, but they still play tennis almost every weekend. ③ They **have been** tennis partners for more than **thirty** years! ④ My older sister plays tennis too. She's really good. ⑤ Neither my brother nor I play tennis. My brother is on his **university** judo team. ⑥ I play **basketball**. Women's basketball is **not popular** in Japan, unfortunately. ⑦ I'm the **captain** of my university team.

① 私の家族はみんなスポーツが大好きです。 ② 父と母は50代後半ですが、いまだに、ほぼ毎週末テニスをしています。 ③ 30年以上もテニスのパートナーなんです！ ④ 姉もテニスをしますが、彼女はとてもうまいんです。 ⑤ 私の弟と私はテニスをしません。弟は大学の柔道部に所属しています。 ⑥ 私はバスケットをやっています。残念ながら女子バスケは日本ではあまり人気がありません。 ⑦ 私は大学のチームのキャプテンを務めています。

Step 5
もっとシャドーイング！

太字の部分の発音に注意して、関連表現を**ナチュラル・スピード**でシャドーイングしよう！

❶ The members of my family are all very tall.
　　うちの家族は全員背が高いんです。

❷ I take after my father, **but** my sister takes after my mother.
　　私は父に似ていますが、妹は母親似です。
　　＊ take after ...「…に似る」

❸ My sister **and** I are fraternal twins. We **don't** look anything alike.
　　姉と私は二卵性双生児で、まったく似ていません。
　　＊ fraternal「二卵性の」　look alike「似ている」

❹ I come from a **pretty** large family.
　　かなりの大家族の出身です。

❺ I have lots of cousins, aunts and uncles.
　　私には、たくさんのいとこやおばさん、おじさんがいるんです。

❻ We hold a family reunion every summer.
　　毎年夏に家族で集まっています。
　　＊ reunion「再会の集い」

❼ My family likes **taking trips** together.
　　うちの家族は、いっしょに旅行するのが好きなんです。

❽ Unfortunately, I can't spend very much time with my family.
　　残念ながら、家族と過ごす時間があまりありません。

❾ My family is **pretty spread out**. Two of us live overseas.
　　家族はかなり散らばっています。ふたりは海外生活なんです。
　　＊ be spread out「散らばっている」

❿ Everyone in my family is quite **loud and talkative**!
　　うちの家族はみんなかなり賑やかです！
　　＊ loud and talkative「おしゃべりで賑やか」

Unit 6 両親について話す

Step 1-3
センテンス・シャドーイング！

Step 1 ☞ 各センテンスを理解しよう！ 文法や語いを確認しよう！
Step 2 ☞ **スロー・スピード**で各センテンスをシャドーイングしよう！
Step 3 ☞ **ナチュラル・スピード**で各センテンスをシャドーイングしよう！

① Both my mom and my **dad are** from Kyushu.

父と母のどちらも、九州の出身です。

- both A and B「AとBの両方；どちらも」 並列を表します。
- from ...「…出身の；…から来た」
- dad are はつながって [ダッダー] と発音されることがあります。

② My **dad is** from Fukuoka, and my **mom is** from the Miyazaki countryside.

父は福岡出身で、母は宮崎の片田舎の出身です。

- countryside「片田舎；地方」
- dad is や mom is は、それぞれ [ダッディズ] [マムズ] と発音されます。

③ They met **in Osaka**, when they were **university** students.

ふたりは大学生の頃、大阪で出会いました。

- when ... は「…のとき」と時間を表します。
- university「大学」
- in Osaka は [イノウサカ]、university は [ユニヴァーシディ [リ] ー] のような発音になります。

④ After they **graduated**, they **moved back** to Kyushu.

卒業後ふたりは九州に戻りました。

- After ... は「…のあと」と時間を表します。
- move back to ...「…へ (引っ越して) 戻る」
- graduated は [グラデュエイディ [リ] ッド] と跳ねる発音。moved back の [d] の音はなくなります。

⑤ My dad **started** working for Fukuoka's main newspaper. He's an editor there.

父は福岡の大手新聞社で仕事を始めました。彼はそこで編集者をしています。

- start -ing は「…し始める」 -ing は動名詞です。
- editor「編集者」
- started は [スターディ [リ] ッド] と跳ねるような発音になります。

⑥ My mom became a housewife. I think our family was very typical.

母は主婦になりました。私の家族はとても典型的だったと思います。

- I think (that) ... は「…だと思う」という意味。that は「…ということ」という意味の名詞節を作ります。typical は「典型的な」という意味の形容詞です。
- housewife「主婦」 homemaker とも言います。

⑦ My dad worked until late almost every night. My mom stayed home to **cook and clean**.

父はほぼ毎晩遅くまで働き、母は家にいて料理やお掃除をしていました。

- to cook and clean「料理したり掃除したりするために」 不定詞の副詞的用法です。
- until ...「…まで」
- cook and clean は [クッカン__クリーン] のように発音しましょう。and の [d] の音はなくなっています。

⑧ **When I** was a kid, she was always **telling me** to study harder!

私が子どもの頃、いつも母は、もっと勉強しなさいと私に言っていました！

- was always -ing は「いつも…していた」という意味。過去進行形ですが、ここでは過去に繰り返されたことを表現しています。
- always「いつも」
- When I はつながって [ウェナイ]、telling me は [テリン__ミィ] と [g] の音がなくなります。

両親について話す >>> 33

Step 4 モノローグ・シャドーイング！

ナチュラル・スピードでモノローグ全体を一気にシャドーイングしよう！

① Both my mom and my **dad are** from Kyushu. ② My **dad is** from Fukuoka, and my **mom is** from the Miyazaki countryside. ③ They met **in Osaka**, when they were **university** students. ④ After they **graduated**, they **moved back** to Kyushu. ⑤ My dad **started** working for Fukuoka's main newspaper. He's an editor there. ⑥ My mom became a housewife. I think our family was very typical. ⑦ My dad worked until late almost every night. My mom stayed home to **cook and clean**. ⑧ **When I** was a kid, she was always **telling me** to study harder!

① 父と母のどちらも、九州の出身です。 ② 父は福岡出身で、母は宮崎の片田舎の出身です。 ③ ふたりは大学生の頃、大阪で出会いました。 ④ 卒業後ふたりは九州に戻りました。 ⑤ 父は福岡の大手新聞社で仕事を始めました。彼はそこで編集者をしています。 ⑥ 母は主婦になりました。私の家族はとても典型的だったと思います。 ⑦ 父はほぼ毎晩遅くまで働き、母は家にいて料理やお掃除をしていました。 ⑧ 私が子どもの頃、いつも母は、もっと勉強しなさいと私に言っていました！

Step 5
もっとシャドーイング！

太字の部分の発音に注意して、関連表現を**ナチュラル・スピード**でシャドーイングしよう！

❶ Both my parents are high school teachers. They love to read!
　両親はともに高校の先生です。ふたりとも読書が大好きなんですよ！

❷ My mother passed away **last year**. I miss her so much!
　母は昨年、亡くなりました。とてもさみしいです！
　＊ miss「いなくてさみしい」

❸ I am told that my dad was a real ladies' man **in his** youth.
　父はとても女性にもてたと聞いています。
　＊ ladies' man「女性にもてる人；女たらし」

❹ My parents were high school sweethearts.
　両親は高校時代恋人同士でした。

❺ My mom had me when she was very young.
　母はかなり若いときに私を産みました。

❻ My folks are **pretty** old-fashioned.
　うちの両親はかなり保守的です。
　＊ folks「両親；家族」　old-fashioned「古風な」

❼ My **mom and dad** quarrel about money a lot.
　両親はお金のことで口論ばかりしています。
　＊ quarrel「口論する」

❽ My parents are very frugal. They save every penny!
　両親はとても倹約しています。わずかなお金も節約するんです！
　＊ frugal「つましい」

❾ I always ask my mom for advice.
　私は、いつも母にアドバイスをもらいます。

❿ My dad **doesn't talk** much, but he is very kind.
　父は無口ですが、とてもやさしいんです。

Unit 7 兄弟姉妹について話す

Step 1-3
センテンス・シャドーイング！

Step 1 ☞ 各センテンスを理解しよう！ 文法や語いを確認しよう！
Step 2 ☞ **スロー・スピード**で各センテンスをシャドーイングしよう！
Step 3 ☞ **ナチュラル・スピード**で各センテンスをシャドーイングしよう！

① **I'm** the middle child in my family. I have **an older** brother and a younger sister.

私はうちの兄弟姉妹では真ん中の子どもです。兄がひとりと妹がひとりいます。

- middle child「兄弟姉妹の中で真ん中に生まれた子ども」
- I'm は短縮形の [アイム] という発音になります。an older は音がつながり [アノウダー] と発音されます。

② My brother's **name is** Ken and my sister's **name is** Megumi.

兄の名前はケンで妹はメグミです。

- and「…で…；…そして…」 2つのセンテンスをつなぐ接続詞です。
- 2カ所の name is は、音がつながり [ネイミィズ] と発音されます。

③ She is four years younger than me, so **she is** still a student.

妹は私よりも4歳年下なので、まだ学生です。

- so「…それで…；…だから…」 これも2文をつなぐ接続詞です。
- younger than ...「…よりも若い」
- she is は she's [シーズ] という発音になっています。

④ My brother married his high school sweetheart **last year**.

兄は去年高校時代の恋人と結婚しました。

- marry「結婚する」　sweetheart「恋人」
- last year は [ラスト・イヤー] ではなく [ラスチャー] という発音で言ってみましょう。

⑤ We were really close when we were **little**. My brother sometimes **helped me** with my homework.
　小さなときはとても仲よくしていました。兄はときどき宿題を手伝ってくれました。

- when ... は「…のとき」という意味になる接続詞です。
- close「仲のよい；近しい」
- little は [リトゥル] ではなく、[リドゥ [ル] ル] と跳ねるような発音になります。helped me では [t] の音が抜け落ちてしまいます。

⑥ My sister **and I** always played together. We both loved the movie "Totoro."
　妹と私はいつもいっしょに遊びました。ふたりとも映画の『トトロ』が大好きでした。

- always「いつも」　... both「…のどちらも」
- and I では [d] の音がなくなりつながるため、[アナイ] と発音されます。

⑦ Sometimes we **pretended to** be the **little** girls in that story.
　ときどき、ストーリーの中の小さな女の子になったふりをしました。

- pretend to ...「…のふりをする」　この不定詞は「…であること」という意味の名詞的用法です。
- sometimes「ときどき」
- pretended to では [d] の音がなくなります。little は [リトゥル] ではなく、[リドゥ [ル] ル] と跳ねるような発音になります。

⑧ We imagined having adventures, like in the movie.
　映画の中のように、冒険していることを想像していたのです。

- imagine -ing「…であることを想像する」 -ing は動名詞。
- adventure「冒険」

兄弟姉妹について話す 》》》 37

Step 4 モノローグ・シャドーイング！

ナチュラル・スピードでモノローグ全体を一気にシャドーイングしよう！

① **I'm** the middle child in my family. I have **an older** brother and a younger sister. ② My brother's **name is** Ken and my sister's **name is** Megumi. ③ She is four years younger than me, so **she is** still a student. ④ My brother married his high school sweetheart **last year**. ⑤ We were really close when we were **little**. My brother sometimes **helped me** with my homework. ⑥ My sister **and I** always played together. We both loved the movie "Totoro." ⑦ Sometimes we **pretended to** be the **little** girls in that story. ⑧ We imagined having adventures, like in the movie.

① 私はうちの兄弟姉妹では真ん中の子どもです。兄がひとりと妹がひとりいます。 ② 兄の名前はケンで妹はメグミです。 ③ 妹は私よりも4歳年下なので、まだ学生です。 ④ 兄は去年高校時代の恋人と結婚しました。 ⑤ 小さなときはとても仲よくしていました。兄はときどき宿題を手伝ってくれました。 ⑥ 妹と私はいつもいっしょに遊びました。ふたりとも映画の『トトロ』が大好きでした。 ⑦ ときどき、ストーリーの中の小さな女の子になったふりをしました。 ⑧ 映画の中のように、冒険していることを想像していたのです。

Step 5 もっとシャドーイング！

太字の部分の発音に注意して、関連表現を**ナチュラル・スピード**でシャドーイングしよう！

---

❶ I'm the baby in my family!
　私は末っ子なんです！
　＊ the baby「家族の中の末っ子」

❷ My brother **and I** don't really get along.
　兄とはあまり仲がよくありません。
　＊ get along「仲がいい；性格が合う」

❸ My sister **and I** fought constantly!
　姉と私はいつもケンカしていました！

❹ My brother **and I** always **competed** against each other in sports.
　兄と僕はいつもスポーツで互いに競い合っていました。

❺ My sister is ten **centimeters** taller than me!
　姉は私よりも10センチ背が高いんです！

❻ My oldest brother was **like a** second father to me.
　いちばん上の兄は私にとって第二の父親みたいでした。

❼ I'm lucky, because my sister taught me all **about boys**!
　私はラッキーです。姉が男の子については全部教えてくれたんです！

❽ I always **had to** wear my brother's secondhand clothes.
　いつも兄のお古の服を着なければなりませんでした。
　＊ secondhand「お古の；中古の」

❾ I **had to** walk my **little** sister home from school every day.
　毎日妹を学校から歩いて連れて帰らねばなりませんでした。

❿ My brother moved away **last year**. I miss him.
　兄は昨年引っ越しました。さみしいです。

兄弟姉妹について話す

Unit 8 ペットについて話す

Step 1-3 センテンス・シャドーイング！

Step 1 ☞ 各センテンスを理解しよう！ 文法や語いを確認しよう！
Step 2 ☞ **スロー・スピード**で各センテンスをシャドーイングしよう！
Step 3 ☞ **ナチュラル・スピード**で各センテンスをシャドーイングしよう！

① My dog is so cute! I named her Pandy, because she is **black and white like a** Panda.

私の犬はとてもかわいいんです！ パンダみたいに白黒なので、パンディーと名付けました。

- name A B「AをBと名づける」 SVOCの文型。
- cute「かわいい」
- black and white は [ブラッカン＿ワイト] のように発音されます。like a は音をつなげて [ライカ] のように発音しましょう。

② **She is a** Japanese dog breed, called Chin. She's almost fifteen. That's quite old for a dog.

チンと呼ばれている日本の犬種です。彼女はほぼ15歳で、犬としてはかなりの高齢です。

- called Chin「チンと呼ばれる」 called は過去分詞で、前にある Japanese dog breed を説明しています。
- breed「種」　almost ...「ほぼ…」
- She is a の3語は、音をつないで [シーザ] のようにひとまとめで言いましょう。

③ She is so friendly! **When I** take her for walks, she goes **up to** every person **walking by**.

パンディーはとても人なつっこいんです！ 散歩に連れていくと、側を歩いている人みんなに近づいていきます。

- walking by「側を歩いている」 現在分詞で、前にある every person を説明しています。
- friendly「人なつっこい」　walk「散歩」　go up to ...「…に近づく」
- When I は音をつなげて [ウェナイ] と発音します。up to の [p] の音や、walking by の [g] の音が消えることがあります。

④ She wants to say hello!

彼女はあいさつがしたいのです！

- want(s) to ...「…したい」 不定詞の名詞的用法です。
- say hello「あいさつする；こんにちはと言う」

⑤ **Recently**, we have to take her to the doctor **pretty** often, because she is so old.
すごく高齢なので、最近は頻繁に病院へ連れていかなければなりません。

- because ...「…だから」 理由を表す節を作ります。
- pretty「かなり」　often「しばしば」
- Recently から [t] の音がなくなることがあります。pretty [プリティー] は、[プリディ [リ] 一] と跳ねるように発音します。

⑥ She **used to** jump on my bed to sleep with me.
以前は私といっしょに寝るために、ベッドに跳び乗っていました。

- to sleep「眠るために」 不定詞の副詞的用法です。
- used to ...「(以前は) よく…したものだ」
- used to の used から [t] の音がなくなることがあります。

⑦ But now she's not **strong** enough, so I have to pick her up.
でもいまは、力が足りないので、私が抱え上げなければなりません。

- But ...「しかし…」 逆接を表します。
  ..., so ...「…なので…」 順接を表します。
- ... enough「十分…な」　pick up「持ち上げる；拾い上げる」
- strong は [ストゥロング] ではなく [スチュロング] と発音されます。

⑧ I don't think of her **as a** 'pet.' She is a family member.
私は彼女をペットとは思っていません。彼女は家族の一員なのです。

- think of A as B「AをBとみなす」　member「一員」
- as a は [アザ] と音をつないで発音しましょう。

Step 4
モノローグ・シャドーイング！

ナチュラル・スピードでモノローグ全体を一気にシャドーイングしよう！

① My dog is so cute! I named her Pandy, because she is **black and white like a** Panda. ② **She is a** Japanese dog breed, called Chin. She's almost fifteen. That's quite old for a dog. ③ She is so friendly! **When I** take her for walks, she goes **up to** every person **walking by.** ④ She wants to say hello! ⑤ **Recently**, we have to take her to the doctor **pretty** often, because she is so old. ⑥ She **used to** jump on my bed to sleep with me. ⑦ But now she's not **strong** enough, so I have to pick her up. ⑧ I don't think of her **as a** 'pet.' She is a family member.

① 私の犬はとてもかわいいんです！ パンダみたいに白黒なので、パンディーと名付けました。 ② チンと呼ばれている日本の犬種です。彼女はほぼ15歳で、犬としてはかなりの高齢です。 ③ パンディーはとても人なつっこいんです！ 散歩に連れていくと、側を歩いている人みんなに近づいていきます。 ④ 彼女はあいさつがしたいのです！ ⑤ すごく高齢なので、最近は頻繁に病院へ連れていかなければなりません。 ⑥ 以前は私といっしょに寝るために、ベッドに跳び乗っていました。 ⑦ でもいまは、力が足りないので、私が抱え上げなければなりません。 ⑧ 私は彼女をペットとは思っていません。彼女は家族の一員なのです。

Step 5 もっとシャドーイング！

太字の部分の発音に注意して、関連表現を**ナチュラル・スピード**でシャドーイングしよう！

❶ My cat loves to sleep **next to** me.
　うちの猫は私の隣で寝るのが好きです。

❷ I have **an adorable** pet rabbit!
　私は、かわいいペットのウサギを飼ってるんです！

❸ My dog is ten, but he still acts **like a** puppy!
　うちの犬は 10 歳ですが、いまだに子犬のように振る舞います！

❹ I keep two ferrets in my home. They love to play!
　家で 2 匹のフェレットを飼っています。じゃれるのが大好きなんです！

❺ My cat is so mischievous! She is always **finding trouble**.
　うちの猫はいたずら者です！いつもトラブルを起こすんです。

❻ I collect tropical fish **in a** big aquarium.
　私は大きな水槽に熱帯魚を集めています。

❼ My pet was a **stray** cat. I brought her home with me.
　うちのペットは野良猫でした。私が家に連れて帰ってきたんです。

❽ I have taught my dog to **sit up**, beg, roll over and shake hands.
　犬にお座りとちんちんとゴロゴロ、それにお手を教え込みました。
　＊ sit up「お座りをする」　beg「ちんちんをする」　roll over「ゴロゴロをする」

❾ My first pet was a hamster. I loved **taking care** of it!
　最初のペットはハムスターでした。世話をするのが大好きでした！

❿ I taught my cockatoo to sing some old children's songs!
　古い童謡をいくつか歌えるようにオウムに教え込みました！
　＊ cockatoo「オウムの一種」

Unit 9 高校時代について話す

Step 1-3
センテンス・シャドーイング！

Step 1 ☞ 各センテンスを理解しよう！ 文法や語いを確認しよう！
Step 2 ☞ **スロー・スピード**で各センテンスをシャドーイングしよう！
Step 3 ☞ **ナチュラル・スピード**で各センテンスをシャドーイングしよう！

①**I went to** a private school, so **I had to** wear a uniform.

私は私立の学校に行ったので、制服を着なければなりませんでした。

- had to ... は have to「…しなければならない」の過去形です。
- private「私立の」　uniform「制服」
- went to や had to では、went の [t] や had の [d] の音がなくなることがあります。

②It was pretty far from my home, so I had to **wake up** very early to catch a train.

家から学校まではかなり遠く、電車に乗るためにとても早く起きなければなりませんでした。

- to catch a train「電車に乗るために」 不定詞の副詞的用法です。
- far from ...「…から遠い」
- wake up は音をつなげて [ウェイカップ] と発音しましょう。

③**It was** very scary at first, **but I** got **used** to it.

（通学は）最初、とても恐かったのですが、慣れていきました。

- get used to ...「…に慣れる」 熟語として覚えましょう。
- scary「恐ろしい」
- It was は [t] の音がなくなることがあります。but I はつながって跳ねるような音になり [バッダ [ラ] イ] と発音されます。この used は [ユーストゥ] という発音になることに注意。

④**But I** was always tired, so sometimes I fell asleep in the classroom!

でも、いつも疲れていて、ときどき授業中に眠ってしまいました！

- tired「疲れた」　fall asleep「眠りに落ちる」
- ここでも、But I はつながって跳ねるような音で [バッダ [ラ] イ] と発音してみましょう。

⑤ **It was** very embarrassing when the teacher scolded me!
先生に叱られたときはとても恥ずかしい思いをしました。

- when ... は「…のとき」と時間を表す節を作ります。
- embarrassing「恥ずかしい」　scold「叱る」
- It was は [t] の音がなくなることがあります。

⑥ I was a so-so student, **but I** was very **good at** sports.
私はまあまあの生徒でしたが、スポーツは得意でした。

- ..., but ...「…だが…」 逆接の接続詞です。
- so-so「まあまあの」　be good at ...「…が得意だ」
- ここでも、but I はつながって跳ねるような音で [バッダ [ラ] イ] と発音してみましょう。good at も同様に [グッダ [ラ] ット] としましょう。

⑦ My favorite sport was volleyball. I was very tall and strong for my age, so I was **one of the** best players on our school team.
お気に入りはバレーボールでした。年齢の割に背が高く体格がよかったので、学校のチームではベストプレーヤーのひとりでした。

- one of -s「…の中のひとり」
- favorite「大好きな；お気に入りの」
- one of the の one of はつながって [ワナヴ] という発音になります。[v] の音が消えることもあります。

⑧ I became the team captain. My **best memories** from my school days are all about sports.
私はチームのキャプテンになりました。学校時代の最高の想い出はスポーツに関することばかりです。

- best memories「最高の想い出」　all about ...「すべて…に関する」
- best memories では [t] の音がなくなることがあります。

Step 4 モノローグ・シャドーイング！

ナチュラル・スピードでモノローグ全体を一気にシャドーイングしよう！

① I **went to** a private school, so I **had to** wear a uniform. ② It was pretty far from my home, so I had to **wake up** very early to catch a train. ③ **It was** very scary at first, **but I** got **used** to it. ④ **But I** was always tired, so sometimes I fell asleep in the classroom! ⑤ **It was** very embarrassing when the teacher scolded me! ⑥ I was a so-so student, **but I** was very **good at** sports. ⑦ My favorite sport was volleyball. I was very tall and strong for my age, so I was **one of the** best players on our school team. ⑧ I became the team captain. My **best memories** from my school days are all about sports.

① 私は私立の学校に行ったので、制服を着なければなりませんでした。 ② 家から学校まではかなり遠く、電車に乗るためにとても早く起きなければなりませんでした。 ③ （通学は）最初、とても恐かったのですが、慣れていきました。 ④ でも、いつも疲れていて、ときどき授業中に眠ってしまいました！ ⑤ 先生に叱られたときはとても恥ずかしい思いをしました。 ⑥ 私はまあまあの生徒でしたが、スポーツは得意でした。 ⑦ お気に入りはバレーボールでした。年齢の割に背が高く体格がよかったので、学校のチームではベストプレーヤーのひとりでした。 ⑧ 私はチームのキャプテンになりました。学校時代の最高の想い出はスポーツに関することばかりです。

Step 5 もっとシャドーイング！

太字の部分の発音に注意して、関連表現を**ナチュラル・スピード**でシャドーイングしよう！

❶ I was a lazy student. I **hated** homework and studying for tests!
　　私は怠惰な生徒でした。宿題や試験勉強が大嫌いだったんです！

❷ I **went to** an all girls' school. It was kind of boring.
　　女子校に通っていたので、ちょっと退屈でした。

❸ I wasn't very **good at** sports. **But I** was **good at** everything else.
　　運動はあまり得意ではなかったのですが、ほかのことはすべて得意でした。

❹ I was **one of the** fastest kids in my grade. So I was always on the Relay Team.
　　学年では足が速いほうだったので、いつもリレーチームに入っていました。

❺ I excelled at math and science, **but was** terrible at language and history.
　　数学と科学がよくできましたが、語学と歴史はひどかったです。
　　* excel「秀でる」 terrible「ひどい」

❻ I wasn't very ambitious, **but I** always got **pretty** good grades.
　　それほど意欲はありませんでしたが、いつもかなりいい成績を取っていました。
　　* ambitious「志の高い；意欲的な」

❼ My teachers pushed me to improve myself.
　　先生たちに、自分を改善するようにうるさく言われました。
　　* push「強く促す；強いる」

❽ I was **pretty** hyper, so my teachers were always scolding me.
　　ひどく落ち着きがなかったので、いつも先生に叱られていました。
　　* hyper「落ち着きのない」

❾ I was the 'class clown.' I **liked to** make my classmates laugh.
　　クラスのひょうきん者でした。クラスメートを笑わせるのが好きだったんです。
　　* clown「道化；おどけた人」

❿ I had a big crush on the **little** girl who sat next to me in the third grade.
　　3年生のとき隣に座っている小さな女子に夢中になっていました。
　　* have a crush on ...「…に熱を上げる」

Unit 10 大学時代について話す

Step 1-3 センテンス・シャドーイング！

Step 1 ☞ 各センテンスを理解しよう！ 文法や語いを確認しよう！
Step 2 ☞ **スロー・スピード**で各センテンスをシャドーイングしよう！
Step 3 ☞ **ナチュラル・スピード**で各センテンスをシャドーイングしよう！

① **University** was a shock at first! **That was** my **first time** to live alone.

大学は最初ショッキングでした！ 最初のひとり暮らしだったのです。

- to live alone は「ひとり暮らしする」という意味。不定詞の形容詞的用法です。
- at first「最初は」
- University は [シティー] の部分が [シディ [リ] ー] と跳ねるような発音になります。That was の that や、first time の first から [t] の音が抜け落ちる場合があります。

② **It was** also my first time to live **in a** big city. At first, I was really homesick.

大都市に暮らすのもはじめてで、最初はすごいホームシックになりました。

- homesick「ホームシックになって」
- It was の It から [t] の音が抜け落ちる場合があります。in a は音がつながって [イナ] と発音されます。

③ I **had to** learn to do everything by myself. I learned **how to** cook some simple recipes.

全部自分でやることを覚えなければなりませんでした。かんたんなレシピを料理することも覚えました。

- had to ... は have to ...「…しなければならない」の過去形です。
  how to ... は「…の仕方；…するための方法」という意味で、不定詞の形容詞的用法が使われた表現です。
- recipe「料理のレシピ」
- had to では [d] の音がなくなります。how to では [トゥー] の部分が [ドゥ [ル] ー] と跳ねるような発音になります。

④ I learned **how to** shop and do laundry. After a while, I really **enjoyed it**!

買い物の仕方や洗濯の仕方も覚えました。しばらくすると、私はそれをとても楽しんでいました！

- do laundry「洗濯する」　after a while「しばらくすると」
- how to では [トゥー] の部分が [ドゥ [ル] ー] と跳ねるような発音になります。enjoyed it では2語がつながって [エンジョイディット] と発音します。

⑤ Choosing classes was also a new experience.

授業を選ぶのも新しい体験でした。

- choosing「選択すること」 動名詞が主語になっています。
- experience「経験；体験」

⑥ In high school, all the classes are decided. **But in** college, you have so many options.

高校では授業はすべて決まっていましたが、大学ではたくさんのオプションが与えられています。

- be decided「決められている」「be 動詞＋過去分詞」の形の受動態です。
- option「選択肢；オプション」
- But in は [バッティン] ではなく、[バッディ [リ] ン] と跳ねるような発音になります。

⑦ I finally **decided on** Chemistry as my major.

私は最終的に専攻を化学に決めました。

- finally「とうとう；最後に」　decide on ...「…に決める」　as ...「…として」
- decided on は音がつながり [ディサイディッドン] と発音します。

Step 4 モノローグ・シャドーイング！

ナチュラル・スピードでモノローグ全体を一気にシャドーイングしよう！

① **University** was a shock at first! **That was** my **first time** to live alone. ② **It was** also my first time to live **in a** big city. At first, I was really homesick. ③ I **had to** learn to do everything by myself. I learned **how to** cook some simple recipes. ④ I learned **how to** shop and do laundry. After a while, I really **enjoyed it**! ⑤ Choosing classes was also a new experience. ⑥ In high school, all the classes are decided. **But in** college, you have so many options. ⑦ I finally **decided on** Chemistry as my major.

① 大学は最初ショッキングでした！ 最初のひとり暮らしだったのです。 ② 大都市に暮らすのもはじめてで、最初はすごいホームシックになりました。 ③ 全部自分でやることを覚えなければなりませんでした。かんたんなレシピを料理することも覚えました。 ④ 買い物の仕方や洗濯の仕方も覚えました。しばらくすると、私はそれをとても楽しんでいました！ ⑤ 授業を選ぶのも新しい体験でした。 ⑥ 高校では授業はすべて決まっていましたが、大学ではたくさんのオプションが与えられています。 ⑦ 私は最終的に専攻を化学に決めました。

Step 5 もっとシャドーイング！

太字の部分の発音に注意して、関連表現を**ナチュラル・スピード**でシャドーイングしよう！

❶ I really enjoyed my **university** days.
大学生活を謳歌しました。

❷ My college days were the **best time** of my life.
大学時代は人生で最良のときでした。

❸ I learned so much **at** university.
大学ではたくさん学びました。

❹ My campus was huge.
うちのキャンパスはものすごく広大でした。

❺ Campus life was a new experience for me.
キャンパスライフは私にとって新しい体験でした。

❻ My university days were my **first taste** of freedom.
大学時代にはじめて自由を味わいました。
＊ taste of freedom「自由を味わうこと」

❼ I had some great teachers while I was **at** university.
大学の頃は、すばらしい先生が数人いました。

❽ It took me a while to **get used to** college life.
大学生活に慣れるのに、少し時間がかかりました。
＊ a while「しばらく」

❾ My first two years of college were quite a **struggle**.
大学の最初の2年は苦しみました。
＊ struggle「苦闘」

❿ I had a **hard time** picking a major at **university**.
大学では専攻を決めるのに苦労しました。
＊ major「専攻」

Unit 11 大学の友人について話す

Step 1-3 センテンス・シャドーイング！

Step 1 ☞ 各センテンスを理解しよう！ 文法や語いを確認しよう！
Step 2 ☞ スロー・スピードで各センテンスをシャドーイングしよう！
Step 3 ☞ ナチュラル・スピードで各センテンスをシャドーイングしよう！

① I made a **lot of** friends at my university.

大学ではたくさんの友達ができました。

- make friends「友達を作る」　university「大学」
- lot of は音がつながり、さらに跳ねるような発音になります。[ラッタヴ] ではなく [ラッダ [ラ] ヴ] のように発音します。

② We took lots of classes together, and we **studied together**.

多くの授業をいっしょに取って、いっしょに学びました。

- ..., and ...「…そして」 順接を表します。
- class「授業」　together「いっしょに」
- studied together では、studied の [d] の音がなくなることがあります。

③ For me, the **best thing** was **that I** made many friends from other countries.

私にとっていちばんよかったことは、他の国の友達がたくさんできたことです。

- ... was that ...「…は…ということでした」 that ... 以下は「…ということ」という意味の節です。
- best thing「最もよいこと」　other countries「ほかの国々」
- best thing の [t] の音がなくなることがあります。that I は [ザッタイ] ではなく [ザッダ [ラ] イ] のような発音になります。

④ My **university** has a lot of **international** students. So I made friends from Korea, China, Malaysia and Canada.

うちの大学には多くの外国の学生がいて、韓国や中国、マレーシア、カナダの友達ができました。

- So ...「なので…」 順接の接続詞です。
- international「国際的な」
- university は [ユニヴァーシティー] ではなく [ユニヴァーシディ [リ] ー] と跳ねるように発音しましょう。international は、[t] の音がなくなり [イナーナショヌル] のように発音されることがあります。

⑤ It was so **interesting** to talk to them!
みんなと話をするのはとてもおもしろかったです！

- It was ... to ...「…することは…でした」 to ... 以下が It の内容を表すほんとうの主語です。
- interesting「おもしろい；興味深い」
- interesting は [インタレスティング] ではなく [インチャレスティング] と発音されます。

⑥ **And** sometimes they shared delicious food from their countries with me.
そして、ときには、みんなの国のおいしい料理を私に分けてくれました。

- And ...「そして…」 順接の接続詞です。
- share「分かち合う」　delicious「おいしい」
- And の最後の [d] の音がなくなることがあります。

⑦ I made two overseas trips to visit them while I was a student. **Such a great experience!**
学生時代に、みんなを訪問するために、2回海外旅行に出かけました。すばらしい経験になりました！

- to visit「訪れるために」 不定詞の副詞的用法です。
  while ...「…の間に」 時間を表す副詞節を作ります。
- make overseas trip「海外旅行に行く」　such a ...「とても…」　experience「経験」
- Such a は音がつながって [サッチャ] のように発音されます。

大学の友人について話す　》》》 53

Step 4 モノローグ・シャドーイング！

ナチュラル・スピードでモノローグ全体を一気にシャドーイングしよう！

① I made a **lot of** friends at my university. ② We took lots of classes together, and we **studied together**. ③ For me, the **best thing** was **that I** made many friends from other countries.
④ My **university** has a lot of **international** students. So I made friends from Korea, China, Malaysia and Canada. ⑤ It was so **interesting** to talk to them! ⑥ **And** sometimes they shared delicious food from their countries with me. ⑦ I made two overseas trips to visit them while I was a student. **Such a** great experience!

① 大学ではたくさんの友達ができました。 ② 多くの授業をいっしょに取って、いっしょに学びました。 ③ 私にとっていちばんよかったことは、他の国の友達がたくさんできたことです。 ④ うちの大学には多くの外国の学生がいて、韓国や中国、マレーシア、カナダの友達ができました。 ⑤ みんなと話をするのはとてもおもしろかったです！ ⑥ そして、ときには、みんなの国のおいしい料理を私に分けてくれました。 ⑦ 学生時代に、みんなを訪問するために、2回海外旅行に出かけました。すばらしい経験になりました！

Step 5 もっとシャドーイング！

太字の部分の発音に注意して、関連表現を**ナチュラル・スピード**でシャドーイングしよう！

❶ The friends I made **at college** were the best friends.
　大学でできた友達が、私の最高の友人です。

❷ I still keep in touch with most of my friends from **university**.
　大学の友達のほとんどと、いまだに連絡を取っています。
　＊ keep in touch「連絡を取る」

❸ My first serious boyfriend was a guy I **met in** college.
　最初のちゃんとした彼氏は大学で会った男性でした。

❹ My friends **and I used to** love to go to karaoke together.
　友達と私はいっしょにカラオケに行くのが大好きでした。
　＊ used to ...「よく…したものだ」

❺ Making friends from **different countries** was special!
　外国の友人を作ることは特別な経験でした！

❻ My friends **and I studied together** for tests.
　友達とテストのためにいっしょに勉強しました。

❼ My best friend **and I went to** different colleges, **but we** kept in touch.
　親友とは別の大学に通いましたが、連絡は取っていました。

❽ I **didn't make** many friends in college, because I am very shy.
　大学では多くの友人を作りませんでした。とても恥ずかしがり屋なんです。
　＊ shy「恥ずかしがりの；引っ込み思案の」

❾ I made so many friends as a college student!
　大学生としてはとても多くの友人を作りました！

❿ I have many special memories of my uni friends!
　大学の友達とは多くの特別な思い出があります。
　＊ uni ＝ university「大学」

大学の友人について話す　》》》 55

Unit 12 アルバイトについて話す

Step 1-3
センテンス・シャドーイング！

Step 1 ☞ 各センテンスを理解しよう！ 文法や語いを確認しよう！　CD 1-45

Step 2 ☞ **スロー・スピード**で各センテンスをシャドーイングしよう！　CD 1-45

Step 3 ☞ **ナチュラル・スピード**で各センテンスをシャドーイングしよう！　CD 1-46

① I had three part time jobs **when I** was a college student.

大学生のときは3つのアルバイトをしました。

- when ...「…のとき」 時間を表す接続詞です。
- part time job「アルバイト；パートの仕事」　college「大学」
- when I は音がつながって [ウェナイ] と発音されます。

② My **first job** was in my school's main cafeteria. It was convenient, because I lived on campus.

最初は、学校のメインカフェテリアでの仕事でした。キャンパスに暮らしていたので便利だったんです。

- because ...「…だから」 理由を表す接続詞です。
- on campus「キャンパスに」
- first job の [t] の音がなくなることがあります。

③ But the pay was too low, and I **mostly** washed dishes.

でも、お金が安すぎたし、ほとんど皿洗いばかりしていました。

- But ...「しかし…」 逆接を表します。
- mostly「ほとんど」
- mostly からは [t] の音がなくなることがあります。

④ I quit after I found my next job, working **at a** chain coffee shop.

次のチェーン店のコーヒーショップでの仕事を見つけてから辞めました。

- after ...「…のあとで」 時間を表す副詞節を作ります。
  ..., working at ...「…つまり…で働くことです」 動名詞句で next job を言い換えています。
- quit「辞める」
- at a は音がつながり [アッダ [ラ]] と跳ねるような発音になります。

⑤ Those jobs are **pretty hard to** get, so I was so happy that they hired me.
なかなか就くのが難しい仕事なので、雇ってもらえたのはとてもうれしかったです。

- hard to get「手に入れるのが難しい」 to ... は不定詞の副詞的用法です。
  ..., so ...「…、だから…」 順接を表します。
  be happy that ...「…してうれしい」 that 以下が happy の原因を表します。
- hard「難しい；困難な」 hire「雇う」
- pretty は [プリディ [リ] ー] と跳ねるような発音になります。hard to からは、[d] の音が消えることがあります。

⑥ It was much more fun, and the pay was a **little better**.
前よりもずっと楽しく、お給料は少しよくなりました。

- much more ...「ずっと多くの…」 fun「楽しみ」
- little も better も跳ねるように [リドゥ [ル] ル]、[ベダ [ラ] ー] と発音されます。

⑦ My best job was as a tutor. I worked **at a** local cram school.
いちばんよかった仕事は講師です。地元の塾で働きました。

- tutor「指導教員」 local「地元の」 cram school「塾」
- at a は音がつながり [アッダ [ラ]] と跳ねるような発音になります。

⑧ I coached students for their **university** exams. This was my best job, because **it paid** really well.
大学入試に向けて生徒を指導しました。これがいちばんの仕事でした。なぜならとてもお給料がよかったからです。

- .., because ...「…だから…」 理由を表す節を作ります。
- coach「指導する」 exam「試験」
- university は [t] の音を跳ねさせて [ユニヴァーシディ [リ] ー] のように発音します。it paid からは [t] の音がなくなることがあります。

Step 4 モノローグ・シャドーイング！

ナチュラル・スピードでモノローグ全体を一気にシャドーイングしよう！

① I had three part time jobs **when I** was a college student. ② My **first job** was in my school's main cafeteria. It was convenient, because I lived on campus. ③ But the pay was too low, and I **mostly** washed dishes. ④ I quit after I found my next job, working **at a** chain coffee shop. ⑤ Those jobs are **pretty hard to** get, so I was so happy that they hired me. ⑥ It was much more fun, and the pay was a **little better**. ⑦ My best job was as a tutor. I worked **at a** local cram school. ⑧ I coached students for their **university** exams. This was my best job, because **it paid** really well.

① 大学生のときは3つのアルバイトをしました。 ② 最初は、学校のメインカフェテリアの仕事でした。キャンパスに暮らしていたので便利だったんです。 ③ でも、お金が安すぎたし、ほとんど皿洗いばかりしていました。 ④ 次のチェーン店のコーヒーショップでの仕事を見つけてから辞めました。 ⑤ なかなか就くのが難しい仕事なので、雇ってもらえたのはとてもうれしかったです。 ⑥ 前よりもずっと楽しく、お給料は少しよくなりました。 ⑦ いちばんよかった仕事は講師です。地元の塾で働きました。 ⑧ 大学入試に向けて生徒を指導しました。これがいちばんの仕事でした。なぜならとてもお給料がよかったからです。

Step 5 もっとシャドーイング！

太字の部分の発音に注意して、関連表現を**ナチュラル・スピード**でシャドーイングしよう！

❶ I **didn't** start working **at a part time** job until my junior year.
大学3年になるまではアルバイトはしませんでした。
* junior「大学3年」／参考：freshman＝1年生、sophomore＝2年生、senior＝4年生

❷ It was **hard to** find a **part time** job **that paid** one thousand **yen an hour**.
時給1000円のアルバイトを探すのは難しかったです。
* pay「払う」

❸ I worked **at a** bar, and I made a **lot of** friends.
居酒屋で働いて、たくさん友人ができました。

❹ I worked as a **waitress at a** popular restaurant that had a lively atmosphere.
活気のある雰囲気の人気レストランでウェイトレスとして働いていました。
* lively「活気に満ちた」

❺ I worked two **different jobs**, one on weekends and one after classes.
ふたつの異なった仕事をしました。ひとつは週末で、ひとつは授業のあとでした。

❻ I worked the night shift **at a** supermarket near campus.
キャンパスの近くのスーパーで夜勤をしました。

❼ My **part time** job was as an intern, so the pay was quite low.
私のアルバイトはインターンでしたから、お給料はかなり少なかったんです。

❽ I **hated** my job, because my boss was always yelling.
仕事がいやでした。上司がいつも怒鳴ってたんです。
* yell「大声を上げる」

❾ I got fired from my first **part time** job. I wasn't mature enough yet.
最初のアルバイトはクビになりました。まだ未熟者だったんです。
* mature「(人間的に) 成熟した」

❿ My **part time** job experiences prepared me for the business world.
アルバイトの経験は仕事の世界に出る準備をさせてくれました。
* prepare A for B「AにBの準備をさせる」

Unit 13 サークルについて話す

Step 1-3 センテンス・シャドーイング！

Step 1 ☞ 各センテンスを理解しよう！ 文法や語いを確認しよう！
Step 2 ☞ **スロー・スピード**で各センテンスをシャドーイングしよう！
Step 3 ☞ **ナチュラル・スピード**で各センテンスをシャドーイングしよう！

① My school had many circle **activities**. **It was** really **hard to** choose!

私の学校にはたくさんのサークルがあったので、選ぶのにとても苦労しました！

- circle activity「サークル活動」　choose「選ぶ」
- activities は [アクティヴィディ [リ] ーズ] と跳ねるように発音します。It was からは [t] の音が、hard to からは [d] の音がなくなることがあります。

② As a high school student, I played volleyball. So I **wanted to** try a new sport.

高校生のときはバレーボールをしていたので、新しいスポーツに挑戦したかったのです。

- wanted to ...「…したかった」 不定詞の名詞的用法です。
- as ...「…として」
- wanted to の [d] の音がなくなることがあります。さらに変化して、[ワニッ__トゥー] という発音になる場合もあります。

③ I **decided to** try kayaking. It was great!

カヤックを試すことに決めました。カヤックはすばらしかったんですよ！

- decided to ...「…することに決めた」 不定詞の名詞的用法です。
- try「試す；試しにやってみる」
- decided to からは -ded の [d] の音がなくなることがあります。さらに跳ねるような発音で [ディサイディ [リ] ッ__トゥー] と発音することもあります。

④ Kayaking is very **hard to** master, **but after** you do, it's so fun!

カヤックはマスターするのが難しいのですが、マスターしたあとはとても楽しいんです！

- after ...「…のあとには」 時間を表す副詞節を作ります。
- master「習得する」　do = master
- hard to の [d] の音がなくなることがあります。but after は音がつながりさらに跳ねるように [バッダ [ラ] フター] と発音します。

⑤ On weekends we **went to** Mitake in **outer** Tokyo to practice.

週末には、練習に東京郊外の御嶽山に行きました。

- weekend「週末」　outer Tokyo「東京の郊外」　practice「練習する」
- went to の [t] の音がなくなることがあります。outer は跳ねるように [アウダ [ラ] ー] と発音されることがあります。

⑥ We also **had camping trips** in Gunma.

群馬にキャンプ旅行にも出かけました。

- also ...「…もまた」　camping trip「キャンプ旅行」
- had camping trips からは [d] や [g] の音がなくなることがあります。

⑦ We kayaked all day and barbecued **at night**!

一日中カヤックをして、夜にはバーベキューをしました！

- all day「一日中」
- at night の [t] の音がなくなることがあります。

⑧ Those are my **best memories** from my college days.

私の大学生活のいちばんの想い出です。

- memory「思い出」　college days「学生時代」
- best memories から [t] の音がなくなることがあります。

Step 4 モノローグ・シャドーイング！

ナチュラル・スピードでモノローグ全体を一気にシャドーイングしよう！

① My school had many circle **activities**. **It was** really **hard to** choose! ② As a high school student, I played volleyball. So I **wanted to** try a new sport. ③ I **decided to** try kayaking. It was great! ④ Kayaking is very **hard to** master, **but after** you do, it's so fun! ⑤ On weekends we **went to** Mitake in **outer** Tokyo to practice. ⑥ We also **had camping trips** in Gunma. ⑦ We kayaked all day and barbecued **at night**! ⑧ Those are my **best memories** from my college days.

① 私の学校にはたくさんのサークルがあったので、選ぶのにとても苦労しました！　② 高校生のときはバレーボールをしていたので、新しいスポーツに挑戦したかったのです。　③ カヤックを試すことに決めました。カヤックはすばらしかったんですよ！　④ カヤックはマスターするのが難しいのですが、マスターしたあとはとても楽しいんです！　⑤ 週末には、練習に東京郊外の御嶽山に行きました。　⑥ 群馬にキャンプ旅行にも出かけました。　⑦ 一日中カヤックをして、夜にはバーベキューをしました！　⑧ 私の大学生活のいちばんの想い出です。

Step 5 もっとシャドーイング！

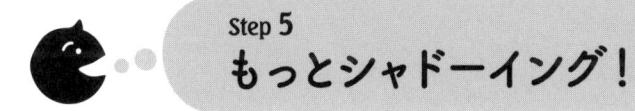

太字の部分の発音に注意して、関連表現を**ナチュラル・スピード**でシャドーイングしよう！

❶ I think I spent more time on my circle **than on** studying!
勉強よりもサークルに時間を使ったと思います！

❷ I **belonged to** two circles, so I was really busy with activities.
ふたつのサークルに入っていましたので、活動ですごく忙しかったです。
＊ belong to ...「…に所属する」

❸ I quit my first circle because **it was** too demanding.
あまりにもきつくて最初のサークルは辞めました。
＊ demanding「要求の多い」

❹ **It was** fun to learn about all the different circles as a freshman.
新入生のときは、いろいろなサークルについて知ることが楽しかったです。

❺ As a club member, I made posters and flyers.
クラブの一員として、ポスターやチラシを作っていました。
＊ flyer「チラシ；ビラ」

❻ I joined a volunteer circle, and we **kept the** campus clean.
ボランティア・サークルに入っていて、大学をきれいにしていました。

❼ I was a member **of the** Jazz Club. I played clarinet.
ジャズ・クラブのメンバーでした。私はクラリネットを吹いていました。

❽ I became a member of the rugby circle during my second year.
2年生のときは、ラグビー・サークルのメンバーになりました。

❾ I liked my circle because **it was pretty** relaxed.
すごくのんびりしていたので、サークルが好きでした。
＊ relaxed「くつろいだ」

❿ My circle was almost all boys. We were always **trying to** get more girls to join!
サークルはほとんどみんな男子でした。いつも参加したい女子を勧誘していました！

サークルについて話す

Unit 14 ボランティアについて話す

Step 1-3 センテンス・シャドーイング！

Step 1 ☞ 各センテンスを理解しよう！ 文法や語いを確認しよう！
Step 2 ☞ **スロー・スピード**で各センテンスをシャドーイングしよう！
Step 3 ☞ **ナチュラル・スピード**で各センテンスをシャドーイングしよう！

① My university life was very busy, because of classes, job and circle **activities**.

私の大学生活は、授業と仕事とサークル活動でとても忙しいものでした。

- because of ... 「…のため」 理由を表す句を作ります。
- job「仕事」
- activities は [アクティヴィディ [リ] ーズ] と跳ねるように発音しましょう。

② **But I** also **wanted to** volunteer. I was **interested** in Fair Trade.

でも、ボランティアもしたかったのです。私はフェアトレードに興味をもちました。

- wanted to ... 「…したかった」 不定詞の名詞的用法です。
- be interested in ... 「…に興味がある」
- But I は音がつながり、跳ねるように [バッダ [ラ] イ] と発音。wanted to からは [d] の音がなくなります。また、[ワニッ_トゥー] という発音になる場合もあります。interested は [インチャレスティッド] のように発音されます。

③ In some parts of the world, workers are **treated** very badly. I **wanted to** help them.

世界の地域には労働者がひどい扱いを受けているところもあります。私はそういった人たちを助けたかったのです。

- be treated「扱われる」 受動態は「…される」という意味になります。
- treat「扱う」
- treated は [チュリーティッド] あるいは [チュリーディ [リ] ッド] のような発音に変わります。wanted to からは [d] の音がなくなります。また、[ワニッ_トゥー] という発音になる場合もあります。

④ I found out that in Africa, **there are** still many slaves. So I joined an NPO as a volunteer.

アフリカでは、まだ多くの奴隷がいることにも気づきました。それで、あるNPOにボランティアとして参加したのです。

- found out that ... 「…ということがわかった」　that ... 以下は「…ということ」という意味の名詞節です。
- slave「奴隷」　jon「参加する；加わる」　volunteer「ボランティアをする人」
- there are は音がつながり [ゼァラー] という発音に変わることがあります。

⑤ The group shares information **about unfair** treatment of workers.

そのグループでは、労働者の不公平な扱いに関する情報を共有します。

- share「共有する；分かち合う」　information「情報」　unfair「不公平な」　treatment「扱い」
- about の最後の [t] の音がなくなったり跳ねたりすることがあります。

⑥ We **set up** stalls to sell hand-made goods by African villagers.

アフリカの村人たちの手作りの商品を販売する売店も作り上げました。

- set up「作り上げる；建てる」　stall「売店；屋台」　hand-made「手作りの」　goods「商品；品物」
- set up は音をつなげ、さらに跳ねるように [セダ [ラ] ップ] と発音しましょう。

⑦ That experience really opened my eyes **about the** world!

その経験が私の世界に対する目を大きく開いてくれたのです！

- experience「経験」　open「開く；開かせる」
- about the からは [t] の音がなくなることがあります。

Step 4 モノローグ・シャドーイング！

ナチュラル・スピードでモノローグ全体を一気にシャドーイングしよう！

① My university life was very busy, because of classes, job and circle **activities**. ② **But I** also **wanted to** volunteer. I was **interested** in Fair Trade. ③ In some parts of the world, workers are **treated** very badly. I **wanted to** help them. ④ I found out that in Africa, **there are** still many slaves. So I joined an NPO as a volunteer. ⑤ The group shares information **about unfair** treatment of workers. ⑥ We **set up** stalls to sell hand-made goods by African villagers. ⑦ That experience really opened my eyes **about the** world!

① 私の大学生活は、授業と仕事とサークル活動でとても忙しいものでした。② でも、ボランティアもしたかったのです。私はフェアトレードに興味をもちました。③ 世界の地域には労働者がひどい扱いを受けているところもあります。私はそういった人たちを助けたかったのです。④ アフリカでは、まだ多くの奴隷がいることにも気づきました。それで、あるNPOにボランティアとして参加したのです。⑤ そのグループでは、労働者の不公平な扱いに関する情報を共有します。⑥ アフリカの村人たちの手作りの商品を販売する売店も作り上げました。⑦ その経験が私の世界に対する目を大きく開いてくれたのです！

Step 5 もっとシャドーイング！

太字の部分の発音に注意して、関連表現を**ナチュラル・スピード**でシャドーイングしよう！

❶ On warm weekends we **went to** the nearby rivers to pick up trash.
暖かい週末には、近くの川に行ってゴミを拾いました。

❷ I **participated** in fundraisers for the victims of floods and earthquakes.
洪水と地震の被害者のための資金を集める団体に参加しました。
＊ fundraiser「資金集めの団体」

❸ **One of** our activities was to recruit blood donors.
活動のひとつに、献血のドナー集めがありました。
＊ recruit「勧誘する」

❹ Once a month we visited **an orphanage** to play with the children.
月に一度、子どもたちと遊ぶために孤児院を訪問しました。
＊ orphanage「孤児院」

❺ As a volunteer, I visited elderly homes to **cheer up** the residents.
ボランティアとして、老人ホームを訪れ元気づけました。
＊ residents「居住者」

❻ Volunteering opened my eyes to the poverty **in the** world.
ボランティアは、世界の貧困に対する私の目を開いてくれました。
＊ poverty「貧困」

❼ I would recommend volunteering to every **university** student.
すべての大学生にボランティアをすることをすすめます。

❽ I am so glad I had the experience of volunteering!
ボランティアの経験ができたことが、とてもうれしいです！

❾ It feels so **good to** do something helpful and meaningful!
人助けや意味のあることをするのはとても気持ちのいいものです！
＊ meaningful「意義深い」

❿ There were some **stray** cats **on our** campus. We volunteered to care for them.
キャンパスには野良猫が数匹いました。ボランティアで世話をしていました。

Unit 15 食べ物について話す

Step 1-3 センテンス・シャドーイング！

- Step 1 ☞ 各センテンスを理解しよう！ 文法や語いを確認しよう！
- Step 2 ☞ **スロー・スピード**で各センテンスをシャドーイングしよう！
- Step 3 ☞ **ナチュラル・スピード**で各センテンスをシャドーイングしよう！

① I love almost every **kind of** food, **but I** guess my favorite is pizza.

私はほとんどの食べ物が好きですが、お気に入りはピザだと思います。

- I guess (that) …「…だろうと思う」 that … 以下は「…ということ」という意味になります。
- almost「ほとんど」 … kind of …「…の種類の…」
- kind of は音がつながり [カインダヴ] と発音されたり、さらに [d] の音がなくなって [カイナヴ] と発音されたりします。but I は音がつながり、さらに跳ねるように [バッダ [ラ] イ] と発音します。

② It became my favorite when I lived **in America** for six years.

6年間アメリカに住んでいたときに気に入ったんです。

- when …「…のとき」 時間を表す副詞節を作ります。
- favorite「お気に入りの；大好きな」
- in America は音がつながり [イナメリカ] という発音になります。

③ I loved going out with my friends for pizza after games.

試合のあとに友達とピザを食べに出かけるのが大好きでした。

- loved -ing「…することが大好きだった」 -ing は動名詞です。
- go out「出かける」

④ **In America**, the take-out pizza is much **better** than in Japan.

アメリカでは、テイクアウトのピザは日本よりもずっとおいしいんです。

- much better than …「…よりもずっとよい」 better は比較級です。
- take-out「持ち帰りの；テイクアウトの」
- in America は音がつながり [イナメリカ] という発音になります。better は [t] の音が跳ねて [ベダ [ラ] ー] と発音されます。

⑤ There are big chains, **but the** best ones are family run.
大きなチェーンもありますけど、いちばんおいしいのは家族経営の店です。

- ones は代名詞で、ここでは「ピザ店」の代わりに使われています。
- chain「チェーン」　family run「家族経営の店」
- but the からは [t] の音がなくなることがあります。

⑥ My favorite **kind of** pizza is called 'deep dish pizza.' It's a specialty of Chicago.
「ディープ・ディッシュ・ピザ」という種類が大好きなんです。シカゴの名物になっているんです。

- be called ...「…と呼ばれる」　be 動詞＋過去分詞の受動態表現です。
- specialty「名物」
- kind of は音がつながり [カインダヴ] と発音します。さらに [d] の音がなくなり [カイナヴ] となる場合もあります。

⑦ It's so filling! One **slice is** almost a meal!
すごく満腹になるんです！ひと切れが、ほぼ食事みたいなものなんです！

- filling「おなかの膨らむ」　meal「食事」
- slice is は音をつなげて [スライスィズ] のように発音します。

⑧ **Recently** a deep dish pizza restaurant opened in Tokyo. I can't **wait to** go!
最近、ディープ・ディッシュ・ピザの店が東京にできたんです。早く行きたくて仕方ありません！

- can't wait to go「行くことが待ちきれない」　不定詞の名詞的用法の表現です。
- recently「最近」
- Recently からは [t] の音がなくなることがあります。wait to も [t] が消え [ウェイ_トゥー] となります。[ウェイ_ドゥ [ル] ー] と跳ねて発音する場合もあります。

Unit 15

Step 4 モノローグ・シャドーイング！

ナチュラル・スピードでモノローグ全体を一気にシャドーイングしよう！

① I love almost every **kind of** food, **but I** guess my favorite is pizza. ② It became my favorite when I lived **in America** for six years. ③ I loved going out with my friends for pizza after games. ④ **In America**, the take-out pizza is much **better** than in Japan. ⑤ There are big chains, **but the** best ones are family run. ⑥ My favorite **kind of** pizza is called 'deep dish pizza.' It's a specialty of Chicago. ⑦ It's so filling! One **slice is** almost a meal! ⑧ **Recently** a deep dish pizza restaurant opened in Tokyo. I can't **wait to** go!

① 私はほとんどの食べ物が好きですが、お気に入りはピザだと思います。 ② 6年間アメリカに住んでいたときに気に入ったんです。 ③ 試合のあとに友達とピザを食べに出かけるのが大好きでした。 ④ アメリカでは、テイクアウトのピザは日本よりもずっとおいしいんです。 ⑤ 大きなチェーンもありますけど、いちばんおいしいのは家族経営の店です。 ⑥ 「ディープ・ディッシュ・ピザ」という種類が大好きなんです。シカゴの名物になっているんです。 ⑦ すごく満腹になるんです！ ひと切れが、ほぼ食事みたいなものなんです！ ⑧ 最近、ディープ・ディッシュ・ピザの店が東京にできたんです。早く行きたくて仕方ありません！

Step 5 もっとシャドーイング！

太字の部分の発音に注意して、関連表現を**ナチュラル・スピード**でシャドーイングしよう！

❶ I love all **kinds of** food!
　私は食べ物ならなんでも大好きです！

❷ Good food is my passion.
　おいしい食べ物こそ私の情熱です。
　＊ passion「情熱」

❸ Pancakes are my favorite breakfast food!
　朝食にはパンケーキがお気に入りです！

❹ I **tend to eat out** three or four times a month.
　月に3回か4回外食しています。
　＊ tend to ...「…する傾向だ」

❺ My two favorite cuisines are Italian and Chinese.
　イタリア料理と中国料理のふたつがお気に入りの料理です。

❻ I love sushi! It's my favorite food.
　お寿司が大好きです！ 私の特にお気に入りの食べ物なんです。

❼ **Recently** I eat a **lot of** spicy food, like Thai and Indian.
　近頃は、タイやインド料理のようなスパイシーなものをたくさん食べます。
　＊ spicy「スパイスの利いた」

❽ I **recently** became a vegetarian.
　最近ベジタリアンになりました。
　＊ vegetarian「菜食主義者」

❾ I like foods **that are** healthy, tasty and easy **to** make!
　健康的でおいしくてかんたんに作れる食べ物が好きです！

❿ I love to cook steaks and summer vegetables **on a** barbecue!
　バーベキューでステーキと夏野菜を焼くのが大好きです！

Unit 16 スイーツについて話す

Step 1-3 センテンス・シャドーイング！

Step 1 ☞ 各センテンスを理解しよう！ 文法や語いを確認しよう！
Step 2 ☞ **スロー・スピード**で各センテンスをシャドーイングしよう！
Step 3 ☞ **ナチュラル・スピード**で各センテンスをシャドーイングしよう！

① Like most girls, I am crazy **about** sweets! I have something sweet every day.

ほとんどの女性と同じで、私はスイーツに夢中です！ 毎日なにか甘いものを食べています。

- something sweet「なにか甘いもの」 sweet が something を後ろから説明しています。
- like ...「…のように」 be crazy about ...「…に夢中だ」
- about の最後の [t] の音がなくなることがあります。

② I love **going out** with my friends to have **cake and** chat.

友達と出かけて、ケーキを食べておしゃべりするのが大好きです。

- love -ing「…することが大好き」 -ing は動名詞です。
- have「食べる」 chat「おしゃべりする」
- going out は、going の最後の [g] の音がなくなって [ゴウイン__アウト] と発音されることがあります。さらに音がつながり [ゴウイナウト] という発音になることもあります。cake and は [ケイカンド] あるいは [ケイカン__] と発音しましょう。

③ Often we go to Jiyugaoka, because **it has** so many places to choose from.

よく自由が丘に行きますが、それは選べる場所がたくさんあるからです。

- because ...「…だから」 理由を説明する接続詞です。
  many places to choose from「選ぶべき多くの場所」 不定詞の形容詞的用法で、後ろから places を説明しています。
- often「しばしば」
- it has がつながると、[イッタズ] ではなく [イッダ [ラ] ズ] という発音になることがあります。

④ It's like heaven for somebody like me!

私のような人には天国のような場所です！

- heaven「天国」 like ...「…のような」

⑤ **In the summer, I love ice cream and sherbet.**
夏は、アイスクリームとシャーベットが大好きです。

⑥ **In the winter I prefer cake along with tea or coffee.**
冬は紅茶やコーヒーといっしょにケーキを食べるほうが好きですね。

- A or B「AあるいはB」
- prefer ...「…のほうを好む」　along with ...「…といっしょに」

⑦ **And I** eat chocolate all year long. **I don't think** I can live without chocolate!
チョコは一年中食べています。私はチョコレートがないと生きていけないと思います。

- I don't think (that) ...「…ということを思わない」　that は「…ということ」という意味の名詞節を作ります。
- all year long「一年中ずっと」　without ...「…なしで」
- And I は [d] の音がなくなって [アナイ] という発音になることがあります。don't think の [t] の音もよく消えてしまいます。

Step 4 モノローグ・シャドーイング！

ナチュラル・スピードでモノローグ全体を一気にシャドーイングしよう！

① Like most girls, I am crazy **about** sweets! I have something sweet every day. ② I love **going out** with my friends to have **cake and** chat. ③ Often we go to Jiyugaoka, because **it has** so many places to choose from. ④ It's like heaven for somebody like me! ⑤ In the summer, I love ice cream and sherbet. ⑥ In the winter I prefer cake along with tea or coffee. ⑦ **And I** eat chocolate all year long. I **don't think** I can live without chocolate!

① ほとんどの女性と同じで、私はスイーツに夢中です！ 毎日なにか甘いものを食べています。 ② 友達と出かけて、ケーキを食べておしゃべりするのが大好きです。 ③ よく自由が丘に行きますが、それは選べる場所がたくさんあるからです。 ④ 私のような人には天国のような場所です！ ⑤ 夏は、アイスクリームとシャーベットが大好きです。 ⑥ 冬は紅茶やコーヒーといっしょにケーキを食べるほうが好きですね。 ⑦ チョコは一年中食べています。私はチョコレートがないと生きていけないと思います。

Step 5 もっとシャドーイング！

太字の部分の発音に注意して、関連表現を**ナチュラル・スピード**でシャドーイングしよう！

❶ I love crepes! I can try so many flavors!
クレープが大好きなんです！いろんな味が試せますよね！

❷ Chocolate is my one weakness! I **can't** resist it.
チョコレートに弱いんです！我慢できないんです。
* weakness「弱点」 resist「抵抗する；耐える」

❸ I was born **with a** giant sweet tooth!
私は超甘党に生まれついちゃったんです！
* sweet tooth「甘党の歯」

❹ I think I **need to cut down on** sweets.
甘いものを減らさないといけないと思っています。
* cut down on ...「…を減らす」

❺ My favorite dessert is cake **with a little** ice cream.
ちょこっとのアイス付きのケーキがお気に入りのデザートです。

❻ Belgian waffles are my favorite **treat**!
ベルギーワッフルが特に好きなんです！
* treat「ごちそう；好物」

❼ Whenever I see ice cream, I **can't** resist!
アイスクリームを見ると絶対に逆らえないんです。

❽ I like a cookie or a donut as a snack between meals.
食事の間の軽食としては、クッキーやドーナツが好きです。

❾ I like **baking brownies** at home.
家でブラウニーを焼くのが好きなんです。

❿ I **can never** give up sweets!
甘いものは絶対にやめられません！

Unit 17 嗜好品について話す

Step 1-3 センテンス・シャドーイング！

Step 1 ☞ 各センテンスを理解しよう！ 文法や語いを確認しよう！
Step 2 ☞ **スロー・スピード**で各センテンスをシャドーイングしよう！
Step 3 ☞ **ナチュラル・スピード**で各センテンスをシャドーイングしよう！

① I **don't** drink fizzy drinks as much as before.

私は以前ほど炭酸飲料を飲まなくなりました。

- not ... as much as ...「…ほど多くは…ない」 副詞の原級を使った比較表現です。
- fizzy「発泡性の；シュワシュワした」
- don't の [t] の音がなくなります。

② I **used to** love coke, ginger ale, etc.

昔はコーラやジンジャーエールなどが大好きだったんです。

- used to ...「よく…したものだ」 過去における習慣や反復を表します。
- ginger ale「ジンジャーエール」
- used to の used から末尾の [t] の音がなくなることがあります。

③ **When I** lived **in America**, I was surprised that people even have those drinks with meals! And I did too.

アメリカに暮らしていた頃、みんなが食事のときにも炭酸飲料を飲むのに驚きました！ で、私もそうしていたんですよ。

- be surprised that ...「…に驚かされる」 受動態表現。that 以下は感情の理由を表します。
  did「した」 had あるいは drank の代わりに使われている代動詞です。
- even「さえ」
- When I や in America は音がつながり [ウェナイ] [イナメリカ] と発音します。

④ **But I** came **back to** Japan and I don't drink them so often.

でも、日本に戻ってからは、そんなに頻繁に飲んでいません。

- come back「戻る；戻ってくる」　often「しばしば」
- But I は [バッタイ] あるいは [バッダ [ラ] イ] と発音しましょう。back to は [k] の音がなくなることがあります。

⑤ I drink a **lot of** coffee and tea. I **probably** drink too much coffee.
コーヒーや紅茶はたくさん飲んでいます。コーヒーは飲みすぎかもしれません。

- probably「おそらく；たぶん」　too much「あまりにも多くの」
- lot of は [ラッタヴ] あるいは [ラッダ [ラ] ヴ] と発音されます。probably からは [b] の音がひとつあるいは両方なくなることがあります。

⑥ I love the taste, and I **need it** to keep my brain alert.
味が大好きなのと、脳を目覚めさせておくのに必要なんです。

- to keep A B「AをBの状態に保つために」　(S)VOCの文型が不定詞になったものです。
- taste「味」　alert「覚醒した」
- need it は [ニーディット] あるいは [ニーディ [リ] ット] と発音しましょう。

⑦ **But I** have four cups a day, and that's too much. I **need to** cut down!
でも、1日に4杯飲んでいるんですが、それはちょっと多すぎですね。減らさなきゃと思います！

- need to ...「…する必要がある」　不定詞の名詞的用法。
- a day「1日に」　cut down「減らす」
- But I は [バッタイ] あるいは [バッダ [ラ] イ] と発音しましょう。need to の [d] の音がなくなることがあります。

嗜好品について話す 》》》 77

Step 4 モノローグ・シャドーイング！

ナチュラル・スピードでモノローグ全体を一気にシャドーイングしよう！

① I **don't** drink fizzy drinks as much as before. ② I **used to** love coke, ginger ale, etc. ③ **When I** lived **in America**, I was surprised that people even have those drinks with meals! And I did too. ④ **But I** came **back to** Japan and I don't drink them so often. ⑤ I drink a **lot of** coffee and tea. I **probably** drink too much coffee. ⑥ I love the taste, and I **need it** to keep my brain alert. ⑦ **But I** have four cups a day, and that's too much. I **need to** cut down!

① 私は以前ほど炭酸飲料を飲まなくなりました。 ② 昔はコーラやジンジャーエールなどが大好きだったんです。 ③ アメリカに暮らしていた頃、みんなが食事のときにも炭酸飲料を飲むのに驚きました！ で、私もそうしていたんですよ。 ④ でも、日本に戻ってからは、そんなに頻繁に飲んでいません。 ⑤ コーヒーや紅茶はたくさん飲んでいます。コーヒーは飲みすぎかもしれません。 ⑥ 味が大好きなのと、脳を目覚めさせておくのに必要なんです。 ⑦ でも、1日に4杯飲んでいるんですが、それはちょっと多すぎですね。減らさなきゃと思います！

Step 5
もっとシャドーイング！

太字の部分の発音に注意して、関連表現を**ナチュラル・スピード**でシャドーイングしよう！

❶ I love coffee, **especially** cafe au lait.
　コーヒー、特にカフェオレが大好きです。

❷ When my friends come over, we always have **soft drinks and potato** chips.
　友人が来ると、いつもソフトドリンクを飲んでポテトチップスを食べます。

❸ I'm **trying to** lose weight, so I only drink a diet cola.
　減量しようとしているので、ダイエットコーラしか飲みません。

❹ I drink too much caffeine.
　私はカフェイン入りの飲み物を飲みすぎなんです。

❺ I need coffee to **get through** my busy days.
　忙しい一日を乗り切るためにコーヒーが必要です。
　＊ get through ...「…を乗り切る」

❻ I usually stop **at a** coffee shop before going to my office.
　たいてい職場に行く前に、カフェに立ち寄ります。

❼ I **start off** each day with one or two cups of green tea.
　緑茶を 1、2 杯飲んで一日を始めます。
　＊ start off「始める」

❽ I prefer **black tea** to green tea.
　緑茶よりも紅茶が好きです。
　＊ black tea「（緑茶と比較して）紅茶」

❾ If I drink coffee after seven, **I am** up all night!
　7 時以降にコーヒーを飲むと、一晩中眠れません！

❿ Coffee **and** cigarettes are two things I **need to cut down** on.
　コーヒーとタバコは私が減らさなければならないふたつのものなんです。
　＊ cigarette「タバコ」

Unit 18 お酒について話す

Step 1-3
センテンス・シャドーイング！

Step 1 ☞ 各センテンスを理解しよう！ 文法や語いを確認しよう！
Step 2 ☞ **スロー・スピード**で各センテンスをシャドーイングしよう！
Step 3 ☞ **ナチュラル・スピード**で各センテンスをシャドーイングしよう！

① Like so many people, I **started** drinking at **university**. I didn't **like it** at first, but now I enjoy it.

多くの人と同じで、私は大学生のときにお酒を飲み始めました。最初は好きではなかったのですが、いまはお酒を楽しんでいます。

- start -ing「…し始める」 -ing は動名詞で「…すること」という意味です。
- like …「…のように」　at first「最初は」
- started [スターディ [リ] ッド] と university [ユニヴァーシディ [リ] ー] は跳ねるように発音します。like it は音をつなげて [ライキット] と発音しましょう。

② My favorite drinks are cocktails. We **call them** 'sours' in Japanese.

好きな飲み物はカクテルです。日本語ではサワーと呼んでいます。

- call A B「AをBと呼ぶ」 SVOCの文で、O=Cの関係になっています。
- favorite「好みの；いちばん好きな」
- call them は th の音が消えてつながり [コーレム] と発音されることがあります。

③ I **like them** because they hide the taste of the alcohol.

アルコールの味を隠してくれるからサワーが好きなんです。

- because …「…なので」 理由を表す節を作ります。
- hide「隠す」　taste「味」
- like them も th の音が消えてつながり [ライケム] と発音されることがあります。

④ **I don't like drinks that taste really strong. I tried a Martini once, but I couldn't finish it!**

私は味がとても強いものは好みません。一度マティーニを試しましたが、飲み終えることができませんでした！

- that taste really strong「強い味がする」 that は主格の関係代名詞で、that 以下が直前の drinks を説明しています。
- taste「味がする」　finish「終える」
- that taste では that の [t] の音がなくなることがあります。but I [バッタイ] ではなく [バッダ [ラ] イ] のように跳ねるような発音にしましょう。

⑤ **To me, it just tasted like alcohol, no other flavor.**

私にとっては、単純にアルコールっぽい味だけで、ほかの味が全然しませんでした。

- taste like ...「...のような味がする」　no other ...「ほかの...がない」
- it just tasted では、it と just の [t] の音がなくなることがあります。

⑥ **I don't drink much when I go out. I usually go out with colleagues from work, and have one or two cocktails.**

出かけるときはたくさんは飲みません。たいてい仕事の同僚と出かけて、サワーを1、2杯飲みます。

- when ...「...のとき」 時間を表す節を作ります。
- usually「たいてい」　colleagues「同僚」
- when I は音がつながり [ウェナイ] と発音します。one or もつながって [ワノァ] となります。

⑦ **Three at the most. I HATE hangovers!**

最高でも3杯です。二日酔いがいやなんです！

- at the most「最高でも」　hate「大嫌いだ」　hangover「二日酔い」
- at the からは [t] の音がなくなります。

Step 4 モノローグ・シャドーイング！

ナチュラル・スピードでモノローグ全体を一気にシャドーイングしよう！

① Like so many people, I **started** drinking at **university**. I didn't **like it** at first, but now I enjoy it. ② My favorite drinks are cocktails. We **call them** 'sours' in Japanese. ③ I **like them** because they hide the taste of the alcohol. ④ I don't like drinks **that taste** really strong. I tried a Martini once, **but I** couldn't finish it! ⑤ To me, **it just tasted** like alcohol, no other flavor. ⑥ I don't drink much **when I** go out. I usually go out with colleagues from work, and have **one or** two cocktails. ⑦ Three **at the** most. I HATE hangovers!

① 多くの人と同じで、私は大学生のときにお酒を飲み始めました。最初は好きではなかったのですが、いまはお酒を楽しんでいます。 ② 好きな飲み物はカクテルです。日本語ではサワーと呼んでいます。 ③ アルコールの味を隠してくれるからサワーが好きなんです。 ④ 私は味がとても強いものは好みません。一度マティーニを試しましたが、飲み終えることができませんでした！ ⑤ 私にとっては、単純にアルコールっぽい味だけで、ほかの味が全然しませんでした。 ⑥ 出かけるときはたくさんは飲みません。たいてい仕事の同僚と出かけて、サワーを1、2杯飲みます。 ⑦ 最高でも3杯です。二日酔いがいやなんです！

Step 5 もっとシャドーイング！

太字の部分の発音に注意して、関連表現を**ナチュラル・スピード**でシャドーイングしよう！

❶ I'm **not a** strong drinker. One or two drinks makes me drunk.
　お酒には強くありません。1、2 杯で酔ってしまいます。
　* drinker「お酒を飲む人」　drunk「酔った」

❷ I **used to** be a heavy drinker, but not **recently**.
　かつてはかなり飲んでいましたが、最近はそんなことはありません。
　* used to ...「よく…したものだ」

❸ I like wine, so I **have it** with my meals once or twice a week.
　ワインが好きなので、週に 1、2 度食事といっしょに飲んでいます。

❹ When I lived **in America**, I became a fan of California wines.
　アメリカに住んでいた頃、カリフォルニアワインのファンになりました。

❺ I love beer, **especially** from small breweries.
　ビールが大好きです。特に地ビールが好きなんです。
　* small brewery「小さな醸造所」

❻ I **don't drink** hard liquor, **but I** do drink a lot of beer.
　強いお酒は飲みませんが、ビールはたくさん飲みます。
　* hard liquor「強い酒」

❼ Whenever I go to a bar, I order a martini.
　バーに行くといつもマティーニを注文します。
　* whenever ...「…するといつも」

❽ When I'm in a **party** mood, I have a Pina Colada.
　お祭り気分のときは、ピニャコラーダを飲みます。
　party mood「お祭り気分」

❾ I probably **drink too** much. I know it's not good for me.
　おそらく飲みすぎなんだと思います。よくないとわかってるんですが。

❿ I think I'll **quit drinking. NEXT year**!
　お酒をやめようと思います。来年は！

Unit 19 好きな街について話す

Step 1-3 センテンス・シャドーイング！

Step 1 ☞ 各センテンスを理解しよう！ 文法や語いを確認しよう！
Step 2 ☞ **スロー・スピード**で各センテンスをシャドーイングしよう！
Step 3 ☞ **ナチュラル・スピード**で各センテンスをシャドーイングしよう！

① I have two favorite areas in Tokyo. They are Azabu Juban and Kagurazaka.

私は、東京ではふたつのエリアがお気に入りです。麻布十番と神楽坂です。

- ... and ... 「…と…」 並列の関係を表します。
- favorite 「お気に入りの；大好きな」

② They are similar in some ways. They are both unique **little** villages in the middle **of a** very big **city**.

いくつかの点でふたつのエリアは似ています。どちらも大都市の真ん中にあるユニークな小さな街なんです。

- similar「似ている」 in some ways「いくつかの点で」 both「両方とも」 unique「ユニークな」 village「町；村」
- little や city は [リトゥル] [シティー] ではなく [リドゥ [ル] ル] [シディ [リ] ー] と跳ねるように発音しましょう。of a は音がつながり [アヴァ] と発音します。

③ They both have a **strong** Western atmosphere.

どちらも強い西洋の雰囲気がある点も似ています。

- Western「西洋の」 atmosphere「雰囲気」
- strong は [ストゥロング] ではなく [スチュロング] と発音されます。

④ Kagurazaka has many French people, and Azabu Juban has people from all over the world.

神楽坂にはフランス人がたくさんいますし、麻布十番には世界中の人がいます。

- all over the world「世界中」

⑤ **When I walk in** either of them, I feel that Tokyo is really an **international** city.
ふたつの街に足を踏み入れると、東京はほんとうに国際的な都市なのだなあと思います。

- I feel that ...「…と感じる」 that ... 以下は「…ということ」という意味の名詞節です。
- either of ...「…のどちらでも；いずれか」
- When I や walk in は音がつながり[ウェナイ][ウォーキン]、international は [t] の音がなくなり [イナーナショヌル] と発音されます。

⑥ They both have wonderful cafes **and** restaurants too.
どちらにもすばらしいカフェやレストランもあります。

- wonderful「すばらしい」
- and 最後の [d] の音がなくなることがあります。

⑦ **It is** a pleasure to sit down at **one of them** and listen to various languages!
お店に腰を下ろして、さまざまな言葉を耳にするのはとても愉しいことです！

- It is ... to ...「…することは…だ」 to 不定詞が意味上の主語になっています。
- sit down「座る」 various「多様な」 language「言語」
- it is はつながって跳ねるような音になり [イッデ [リ] ィズ] と発音されます。one of は [ワナヴ] と発音されます。them は弱まって [エム] と発音されることがあります。

Step 4 モノローグ・シャドーイング！

ナチュラル・スピードでモノローグ全体を一気にシャドーイングしよう！

① I have two favorite areas in Tokyo. They are Azabu Juban and Kagurazaka. ② They are similar in some ways. They are both unique **little** villages in the middle **of a** very big **city**. ③ They both have a **strong** Western atmosphere. ④ Kagurazaka has many French people, and Azabu Juban has people from all over the world. ⑤ **When I walk in** either of them, I feel that Tokyo is really an **international** city. ⑥ They both have wonderful cafes **and** restaurants too. ⑦ **It is** a pleasure to sit down at **one of them** and listen to various languages!

① 私は、東京ではふたつのエリアがお気に入りです。麻布十番と神楽坂です。 ② いくつかの点でふたつのエリアは似ています。どちらも大都市の真ん中にあるユニークな小さな街なんです。 ③ どちらも強い西洋の雰囲気がある点も似ています。 ④ 神楽坂にはフランス人がたくさんいますし、麻布十番には世界中の人がいます。 ⑤ ふたつの街に足を踏み入れると、東京はほんとうに国際的な都市なのだなあと思います。 ⑥ どちらにもすばらしいカフェやレストランもあります。 ⑦ お店に腰を下ろして、さまざまな言葉を耳にするのはとても愉しいことです！

Step 5 もっとシャドーイング！

太字の部分の発音に注意して、関連表現を**ナチュラル・スピード**でシャドーイングしよう！

❶ I love to take long walks in Kichijoji.
　私は吉祥寺で長い時間散歩するのが好きなんです。

❷ **When I** lived in New York, I **loved to spend time** in Greenwich Village.
　ニューヨークに住んでいた頃は、グリニッジビレッジで時間を過ごすのが大好きでした。

❸ There are many spots in Kobe that **have a** great view of the harbor.
　港のすばらしい景色が見える場所が、神戸にはたくさんあります。

❹ Boulder, Colorado is my **favorite city**. **It has** fresh air and lovely scenery.
　コロラドのボウルダーは私の好きな街です。新鮮な空気とすてきな景色があるんですよ。
　＊scenery「風景」

❺ I think Venice is the most **beautiful city** in the world!
　ベニスが世界中でいちばん美しい都市だと思います！

❻ I prefer Osaka to Tokyo. Osaka has much more character!
　東京よりも大阪が好きです。ずっと特徴がありますから！
　＊character「特徴；特質」

❼ My friends **and I** love to hang out in Jiyugaoka.
　友達と私は自由が丘でぶらぶらするのが好きなんです。
　＊hang out「ぶらぶらする」

❽ Honolulu is by far my favorite **city in the** world.
　世界中で、ホノルルが群を抜いて好きな都市です。
　＊by far「断然」

❾ I want to live in Paris! **I have been** there more than ten times!
　パリに住みたいんです！パリには10回以上行ってるんですよ！

❿ To me, London beats all the other **cities in the** world!
　私にとっては、ロンドンに勝る都市は世界中にありません！
　＊beat「負かす」

Unit 20 お気に入りの店について話す

Step 1-3
センテンス・シャドーイング！

Step 1 ☞ 各センテンスを理解しよう！ 文法や語いを確認しよう！
Step 2 ☞ **スロー・スピードで各センテンスをシャドーイングしよう！**
Step 3 ☞ **ナチュラル・スピードで各センテンスをシャドーイングしよう！**

① Boy, I love one hundred yen shops!
ああ、私って100円ショップが大好きなんです！

- Boy, ...「ああ…」 よろこび・驚き・失望などを表す間投詞です。
- 100 yen shop「100円ショップ」

② **Especially** the big ones.
特に大きなお店が好きなんです。

- 主語や動詞のない不完全な文ですが、ネイティヴはこういった話し方もよくします。ones「店」 shops の代わりに one(s)「もの」という代名詞を使っています。
- especially「特に」
- Especially からは最初の [I] の音がなくなったり弱まったりすることがあります。

③ Sometimes I walk in without any plan to buy something.
ときには、なにかを買う予定もなしに店に入ることもあります。

- plan to ...「…する予定」 to ... 以下は不定詞の形容詞的用法。plan を説明しています。
- walk in「歩いて入る」 without ...「…なしに」

④ I just go from aisle to aisle, and **look at** all the things on display.
ただ通路から通路へと歩いて回って、ディスプレーされているもの全部を見るんです。

- just「ただ」 aisle「通路」 display「飾り棚；ディスプレー」
- look at は音がつながり [ルッカット] と発音されます。最後の [t] の音が消える場合もあります。

⑤ Soon **it will** be Halloween, so they have wigs, costumes and face paint.
すぐにハロウィンがやってくるので、ウィッグやコスチュームやフェイスペイントが売られています。

- A, B and C「A、BとC」 3つのものを並べ立てています。
- it will は [イットゥル] と短縮形の発音になる場合と、[t] の音がなくなって [イッ__ウル] という発音になる場合があります。また、[イッドゥ [ル] ル] と跳ねるように発音する場合もあります。

⑥ Christmas comes next, **and** they will have decorations, candles **and** other things.
その次はクリスマスだから、お店には飾り付けやキャンドルなどが並びます。

- decorations「飾り付け」　other things「ほかのもの」
- and の [d] の音がなくなることがあります。

⑦ Even though I go in **without a** plan, I always come out with a full shopping bag!
予定なしにお店に入ったときでさえ、いつもいっぱいになった買い物袋を抱えて出てくるんです！

- Even though ...「…でさえ」 逆接の関係を示します。
- with ...「…といっしょに；…を身につけて」　full「いっぱいになった」
- without a は音がつながり、さらに跳ねるように [ウィザウダ [ラ]] と発音します。

お気に入りの店について話す 》》》 **89**

Step 4 モノローグ・シャドーイング！

ナチュラル・スピードでモノローグ全体を一気にシャドーイングしよう！

① Boy, I love one hundred yen shops! ② **Especially** the big ones. ③ Sometimes I walk in without any plan to buy something. ④ I just go from aisle to aisle, and **look at** all the things on display. ⑤ Soon **it will** be Halloween, so they have wigs, costumes and face paint. ⑥ Christmas comes next, **and** they will have decorations, candles, **and** other things. ⑦ Even though I go in **without a** plan, I always come out with a full shopping bag!

① ああ、私って100円ショップが大好きなのです！ ② 特に大きなお店が好きなんです。 ③ ときには、なにかを買う予定もなしに店に入ることもあります。 ④ ただ通路から通路へと歩いて回って、ディスプレーされているもの全部を見るんです。 ⑤ すぐにハロウィンがやってくるので、ウィッグやコスチュームやフェイスペイントが売られています。 ⑥ その次はクリスマスだから、お店には飾り付けやキャンドルなどが並びます。 ⑦ 予定なしにお店に入ったときでさえ、いつもいっぱいになった買い物袋を抱えて出てくるんです！

Step 5 もっとシャドーイング！

太字の部分の発音に注意して、関連表現を**ナチュラル・スピード**でシャドーイングしよう！

❶ You can find **great deals** at one hundred yen shops.
100円ショップではすごく安い買い物ができますよ。
* great deals「すごく買い得なもの」

❷ Akihabara has my favorite shop for used **computers**.
秋葉原には中古のコンピューターを売っているお気に入りの店があるんです。
* used「中古の」

❸ **Recently** there are less **mom and pop** stores in Tokyo. I miss them.
最近、東京では小さな自営のお店が減っています。さみしいですね。
* less「より少ない」　mom and pop store「小規模な自営の店」

❹ I buy nearly all my clothes **at a** store in Harajuku.
ほとんどの洋服は原宿の店で買います。

❺ When I am in America, I **like to** wander the shopping malls for hours!
アメリカにいるときは、何時間もショッピングモールをぶらつくのが好きなんです！
* wander「（あてもなく）歩き回る」

❻ I love the **big department** stores of Paris!
パリの大きなデパートが大好きです！

❼ I know a great store for clothes on Rodeo Drive in L.A.
ロスのロデオドライブにある、すばらしい洋服のお店を知っています。

❽ My favorite boutique in Jiyugaoka sells antique furniture from Eastern Europe.
自由が丘にあるお気に入りのブティックでは、東欧のアンティーク家具を売っています。

❾ I buy all my music at Citadel Records in Shibuya. **It has** the widest selection.
音楽は全部、渋谷のシタデル・レコードで買います。品揃えが最高なんです。
* widest「もっとも広い」　selection「選択肢」

❿ A **great wine and cheese** shop just opened in my neighborhood.
うちの近所に、ついこの前すばらしいワインとチーズのお店ができました。
* neighborhood「近所」

Unit 21 趣味について話す（屋外）

Step 1-3
センテンス・シャドーイング！

Step 1 ☞ 各センテンスを理解しよう！ 文法や語いを確認しよう！ (CD 1-81)
Step 2 ☞ **スロー・スピード**で各センテンスをシャドーイングしよう！ (CD 1-81)
Step 3 ☞ **ナチュラル・スピード**で各センテンスをシャドーイングしよう！ (CD 1-82)

① **Going for** a drive on the weekends is so relaxing!

週末ドライブに行くととてもリラックスできます！

- Going for ... 「…に行くことは」 going は動名詞で「行くこと」という意味です。
- relaxing「リラックスさせる ; くつろがせる」
- Going for の [g] の音がなくなることがあります。

② Once I **get out of** the **city**, I love to drive along, and watch the **beautiful** scenery.

いったん街を出ると、どんどん車を走らせて、きれいな風景を見るのが好きなんです。

- Once ... は「いったん…すると」という意味の接続詞です。
- get out of ...「…を出る」　along「どんどん」　scenery「景色 ; 風景」
- get out of は音がつながり [t] の音が跳ねて [ゲッダ [ラ] ウダ [ラ] ヴ] のように発音します。city や beautiful も跳ねるような音で [シディ [リ] ー] [ビューディ [リ] フル] と発音しましょう。

③ Sometimes I go to Izu. The drive from Tokyo to Shimoda is **one of** my favorites.

ときには、伊豆に出かけたりします。東京から下田までのドライブは私のお気に入りのひとつです。

- sometimes「ときどき」　one of -s「…のひとつ」
- one of は [ワナヴ] とつなげて発音します。最後の [v] の音が消える場合もあります。

④ The ocean and the hills are so **beautiful**.

海と山がとても美しいんですよ。

- ocean「海」　hill「丘 ; 低い山」
- beautiful は [t] の音を跳ねさせて [ビューディ [リ] フル] と発音しましょう。

⑤ Sometimes I drive into the **mountains** of Chichibu or Nikko.
ときどき秩父や日光の山々にもドライブして分け入ります。

- drive into ...「…に運転して入っていく」
- mountains は [マウントゥン] ではなく [マウンんン] のように発音します。これは声門閉鎖音という種類の音ですが、CDでよく確認しましょう。

⑥ So many spectacular views along the way!
道沿いには数多くの壮観な眺めがあります！

- 不完全な文で動詞がありませんが会話ではよく登場します。
- spectacular「壮観な」　along the way「道沿いに；途中に」

⑦ I know some people **don't** really like long drives, **but I** am the opposite.
長距離のドライブが好きじゃない人もいることは知っていますが、私は逆です。

- I know (that) ...「…を知っている」　that ... 以下は「…ということ」という意味の名詞節です。
- not really ...「それほど…ない」　opposite「反対の；逆の」
- don't の最後の [t] の音がなくなることがあります。but I はつながって跳ねるような [バッダ [ラ] イ] という発音になります。

⑧ For me, a long drive through nature is my **greatest** pleasure.
私にとっては自然の中の長距離ドライブは最高のよろこびなんです。

- greatest「最高の」　形容詞 great「すばらしい」の最上級です。
- for ...「…にとって」　through ...「…を通って」
- greatest は跳ねるように [グレイディ [リ] スト] と発音します。

Step 4 モノローグ・シャドーイング！

ナチュラル・スピードでモノローグ全体を一気にシャドーイングしよう！

① **Going for** a drive on the weekends is so relaxing! ② Once I **get out of** the **city**, I love to drive along, and watch the **beautiful** scenery. ③ Sometimes I go to Izu. The drive from Tokyo to Shimoda is **one of** my favorites. ④ The ocean and the hills are so **beautiful**. ⑤ Sometimes I drive into the **mountains** of Chichibu or Nikko. ⑥ So many spectacular views along the way! ⑦ I know some people **don't** really like long drives, **but I** am the opposite. ⑧ For me, a long drive through nature is my **greatest** pleasure.

① 週末ドライブに行くととてもリラックスできます！ ② いったん街を出ると、どんどん車を走らせて、きれいな風景を見るのが好きなんです。 ③ ときには、伊豆に出かけたりします。東京から下田までのドライブは私のお気に入りのひとつです。 ④ 海と山がとても美しいんですよ。 ⑤ ときどき秩父や日光の山々にもドライブして分け入ります。 ⑥ 道沿いには数多くの壮観な眺めがあります！ ⑦ 長距離のドライブが好きじゃない人もいることは知っていますが、私は逆です。 ⑧ 私にとっては自然の中の長距離ドライブは最高のよろこびなんです。

Step 5 もっとシャドーイング！

太字の部分の発音に注意して、関連表現を**ナチュラル・スピード**でシャドーイングしよう！

❶ I love **windsurfing**. I go five or six times each summer.
　私はウィンドサーフィンが大好きです。毎年夏には5、6回出かけます。

❷ I love driving with my favorite music on my CD player.
　CDプレーヤーで好きな音楽を流して運転するのが大好きです。

❸ I **have a** convertible. I drive along the coast with the top down.
　コンバーチブルを持っています。幌を下げて海岸沿いをドライブします。
　＊ convertible「幌つきの自動車」

❹ I **like to** go on long fishing trips.
　長期の釣り旅行に行くのが大好きです。

❺ I love the **outdoor** life. I especially enjoy camping.
　アウトドア生活が大好きです。特にキャンプを楽しんでいます。

❻ I go golfing once a month. It feels **great to** spend the day outside!
　月に一度はゴルフに行きます。外で過ごす一日はすばらしい気分です！

❼ I'm into **hiking and** mountaineering.
　ハイキングと山登りに夢中です。

❽ I go on long nature walks, **and I** take photos of birds and flowers.
　私は長い距離を自然を楽しみながら歩きます。そして鳥や花の写真を撮っているんです。

❾ Next summer I plan to cycle all around Hokkaido and stay at campsites.
　次の夏にはキャンプ場に泊まりながら北海道を自転車で一周する予定です。
　＊ campsite「キャンプ場」

❿ When I lived in Canada, I did kayaking. It was so fun!
　カナダに住んでいたとき、カヤックをしていました。とても楽しかったんです！

Unit 22 趣味について話す（スポーツ）

Step 1-3 センテンス・シャドーイング！

Step 1 ☞ 各センテンスを理解しよう！ 文法や語いを確認しよう！
Step 2 ☞ **スロー・スピード**で各センテンスをシャドーイングしよう！
Step 3 ☞ **ナチュラル・スピード**で各センテンスをシャドーイングしよう！

① I love to play and watch sports!
私はスポーツをやったり観戦したりするのが大好きです！

- love to ...「…することが大好きだ」 to ... は不定詞の名詞的用法で「…すること」という意味です。
- watch sports「スポーツを観戦する」

② **When I** was in high school, I played soccer and **basketball**.
高校生のときは、サッカーとバスケットボールをやっていました。

- When ...「…のとき」 時間を表す節を作ります。
- high school「高校」
- When I は音がつながり [ウェナイ] と発音します。basketball では、[t] の音がなくなることがあります。

③ Now **as a university** student, I am on the **track and** field team.
大学生になったいまは、陸上部に入っています。

- as ...「…として」 be on the ... team「…のチームに所属している」 track and field「陸上競技」
- as a は音がつながり [アザ] という発音になります。university は跳ねるように [ユニヴァーシディ [リ]ー] と発音。track and は [トラッカン__] と発音しましょう。

④ I still love team sports. But, because **I am a** fast runner, my coach **asked me** to focus on track and field.
いまでもチームスポーツが大好きです。しかし、私の足が速いので、コーチに陸上に集中するように言われたのです。

- But, ...「しかし…」 逆接を表す接続詞です。
  because ...「…だから」 理由を表す節を作ります。
- ask A to B「AにBするように頼む」 focus on ...「…に集中する」
- I am a は3つの単語をつなげて [アイマ] と発音しましょう。asked me では [t] あるいは [kt] の音がなくなることがあります。

⑤ It's very hard, **and I** miss my teammates!
とても大変で、チームメイトが懐かしくなります！

- ..., and ... 「…で…」 順接の関係を示します。
- miss「なくてさみしく感じる」
- and I は [d] の音がなくなってつながり [アナイ] と発音することがあります。

⑥ **But I** like the challenge of individual sports.
でも、個人スポーツでチャレンジすることも気に入っています。

- challenge「挑戦」　individual「個人の」
- But I も音がつながります。[バッタイ] ではなく [バッダ [ラ] イ] と跳ねるように発音しましょう。

⑦ I have to try to **get better** every day.
毎日上達するようにがんばらなければなりません。

- have to ... 「…しなければならない」 義務・必要を表します。
  try to ... 「…しようと (トライ) する」 不定詞の名詞的用法です。
  get better「よりうまくなる」 better は well の比較級です。
- get の最後の [t] の音はなくなる場合があります。better [ベター] は跳ねるような音で [ベダ [ラ] ー] という発音になります。

Step 4 モノローグ・シャドーイング！

ナチュラル・スピードでモノローグ全体を一気にシャドーイングしよう！

① I love to play and watch sports! ② **When I** was in high school, I played soccer and **basketball**. ③ Now **as a university** student, I am on the **track and** field team. ④ I still love team sports. But, because **I am a** fast runner, my coach **asked me** to focus on track and field. ⑤ It's very hard, **and I** miss my teammates! ⑥ **But I** like the challenge of individual sports. ⑦ I have to try to **get better** every day.

① 私はスポーツをやったり観戦したりするのが大好きです！　② 高校生のときは、サッカーとバスケットボールをやっていました。　③ 大学生になったいまは、陸上部に入っています。　④ いまでもチームスポーツが大好きです。しかし、私の足が速いので、コーチに陸上に集中するように言われたのです。　⑤ とても大変で、チームメイトが懐かしくなります！　⑥ でも、個人スポーツでチャレンジすることも気に入っています。　⑦ 毎日上達するようにがんばらなければなりません。

Step 5
もっとシャドーイング！

太字の部分の発音に注意して、関連表現を**ナチュラル・スピード**でシャドーイングしよう！

❶ I'm not very athletic, **but I** swim **and** jog to keep fit.
　私はそんなにたくましくありませんが、カラダのフィットネスを保つために泳いだりジョギングしたりしています。
　＊ keep fit「体調や体型をいい状態で維持する」

❷ These days, the only sport I play is golf.
　最近やっている唯一のスポーツはゴルフです。

❸ I play on my company's **softball** team. We have a tournament this weekend.
　会社のソフトボールチームでプレーしています。今週末試合があるのです。
　＊ tournament「トーナメント形式の試合」

❹ My favorite **sport to** play is **basketball**. My position is point guard.
　バスケをやるのが好きなんです。私はポイントガードをやっています。

❺ I am a triathlete. So I cycle, run **and** swim.
　私はトライアスロンをやっています。だから、自転車に乗り、走り、泳いでいます。
　＊ triathlete「トライアスロンの選手」

❻ I have **completed** three marathons. Honolulu, Boston and Barcelona.
　マラソンを3回完走しました。ホノルルと、ボストン、それからバルセロナです。
　＊ complete「完了する；完走する」

❼ I like extreme sports. Especially **hang gliding** and snowboarding.
　エクストリーム・スポーツが好きです。特にハンググライダーとスノボがお気に入りです。
　＊ extreme sports「体力や精神などの限界を極めるスポーツ」

❽ I am a **mountain** climber. My goal is to climb Everest some day!
　私は登山をしています。私の目標はいつかエベレストに登頂することです！

❾ My key word is 'active'. I play **handball**, volleyball and **badminton**.
　私のキーワードは「行動的」です。私はハンドボールとバレーボール、それにバドミントンをやっています。

❿ I **don't** watch many sports shows on TV, **but I** never miss sumo!
　スポーツ番組はあまり観ませんが、相撲だけは必ず観ています！

Unit 23 趣味について話す（旅行）

Step 1-3 センテンス・シャドーイング！

Step 1 ☞ 各センテンスを理解しよう！ 文法や語いを確認しよう！　CD 1-89

Step 2 ☞ **スロー・スピード**で各センテンスをシャドーイングしよう！　CD 1-89

Step 3 ☞ **ナチュラル・スピード**で各センテンスをシャドーイングしよう！　CD 1-90

① I **haven't taken an overseas** vacation **in a** long time.

私は長いこと海外での休暇を取っていません。

- 🔵 haven't taken「取っていない」 現在完了形の継続用法です。
- 📙 overseas vacation「海外での休暇」　in a long time「長い間」
- 👄 haven't taken では、haven't の [t] の音がなくなることがあります。an overseas や in a は音がつながり、[アノウヴァーシーズ] [イナ] と発音されます。

② So **this year** I am **planning to** go to eastern Europe. I will stay in Vienna, Budapest and Prague.

だから今年は東欧へ行く計画を立てています。ウィーンとブダペストとプラハに滞在します。

- 🔵 be planning to ...「…することを計画している」 plan to ... が現在進行形になっています。
  will ...「…する（予定だ）」 未来を表す助動詞です。
- 📙 eastern「東の」　stay「滞在する」
- 👄 this year は [ズィスイヤー] ではなく [ズィシャー] のように音が変化します。planning to からは [g] の音がなくなります。

③ I am really **looking forward to** it！ It's a package tour, so it is actually very reasonable.

とても楽しみにしているんです！ パックツアーなので、実は値段はとても安いんです。

- 🔵 ...., so ...　「…だから…」 前に話された理由を受けて「…だから…」とつないでいます。
- 📙 really「ほんとうに」　look forward to ...「…を楽しみにしている」　actually「実は」
  reasonable「値段が手頃な」
- 👄 looking forward to では、単語末の [g] や [d] の音がなくなることがあります。

④ **There are** two things I am **looking forward to** the most.
最も楽しみにしていることがふたつあります。

- 🔵 There are -s「…がある」という意味になる構文です。単数の場合は There is a ... と表現します。the most「いちばん多く；最も」 副詞 much の最上級です。
- 📗 things「物事」
- ⚫ There are は短縮形の [ゼァラー] という発音になることがあります。looking forward to では、単語末の [g] や [d] の音がなくなることがあります。

⑤ The first is a river cruise along the Danube River.
ひとつ目はドナウ川沿いのリバー・クルーズです。

- 🔵 the first「一番目」 序数の前には the をつけます。
- 📗 along「…沿いの」

⑥ The second is **an option**, so I have to pay **extra** for it.
ふたつ目はオプションで、そのために余分にお金を払わねばなりません。

- 🔵 have to ...「…しなければならない」 義務を表します。
- 📗 option「オプションの；選択の」　pay「支払う」　extra「余分」
- ⚫ an option は音をつなげて [アノプション] と発音しましょう。extra は [エクストゥラ] ではなく [エクスチュラ] のような発音になります。

⑦ I can see Mozart's opera, "Don Giovanni" in the Vienna Opera House. I **can't** wait!
ウィーンのオペラハウスでモーツァルトのオペラ『ドン・ジョバンニ』が観られるんです。もう待ちきれません！

- 🔵 can't ...「…できない」 可能の助動詞 can「…できる」の否定形です。
- 📗 wait「待つ」
- ⚫ can't の末尾の [t] の音がなくなることがあります。

Unit 23

Step 4 モノローグ・シャドーイング！

ナチュラル・スピードでモノローグ全体を一気にシャドーイングしよう！

---

① I **haven't taken an overseas** vacation **in a** long time. ② So **this year** I am **planning to** go to eastern Europe. I will stay in Vienna, Budapest and Prague. ③ I am really **looking forward to** it! It's a package tour, so it is actually very reasonable. ④ **There are** two things I am **looking forward to** the most. ⑤ The first is a river cruise along the Danube River. ⑥ The second is **an option**, so I have to pay **extra** for it. ⑦ I can see Mozart's opera, "Don Giovanni" in the Vienna Opera House. I **can't** wait!

---

① 私は長いこと海外での休暇を取っていません。 ② だから今年は東欧へ行く計画を立てています。ウィーンとブダペストとプラハに滞在します。 ③ とても楽しみにしているんです！ パックツアーなので、実は値段はとても安いんです。 ④ 最も楽しみにしていることがふたつあります。 ⑤ ひとつ目はドナウ川沿いのリバー・クルーズです。 ⑥ ふたつ目はオプションで、そのために余分にお金を払わねばなりません。 ⑦ ウィーンのオペラハウスでモーツァルトのオペラ『ドン・ジョバンニ』が観られるんです。もう待ちきれません！

Step 5 もっとシャドーイング！

太字の部分の発音に注意して、関連表現を**ナチュラル・スピード**でシャドーイングしよう！

❶ I have a plan to **spend two** whole weeks in Hawaii this winter.
今年の冬はハワイでまるまる 2 週間過ごす計画を立てています。

❷ I **want to** go to Cambodia to see Angor Wat.
アンコールワットを観に、カンボジアに行きたいのです。

❸ **It takes** two days to **travel** to Peru. But **it is** so beautiful there!
ペルーまでの旅は 2 日かかりますが、とても美しいところですよ！

❹ This year I will go to Yakushima again. It's my favorite place.
今年はまた屋久島に行きます。お気に入りの場所なんです。

❺ I often travel to Saipan. It's cheap and **it has** good diving spots.
よくサイパンに行きます。安い上にいいダイビングのポイントがあるんです。

❻ My dream vacation is three months in Spain and Greece!
私の描く夢の長期休暇は、スペインとギリシャで 3 カ月過ごすことです！
* dream vacation「夢に描いている休暇」

❼ **I have been** to Kyushu and Hokkaido, but never Shikoku.
九州と北海道には行ったことがありますが、四国はないんです。

❽ **Last year** I visited California Wine Country. It was **beautiful**.
去年はカリフォルニア・ワイン・カントリーに行きました。きれいでしたよ。

❾ For me, the best vacation is to just hang out **on a** beach.
私にとっての最高のバケーションは、ただビーチでのんびり過ごすことです。
* hang out「ぶらぶらのんびり過ごす」

❿ I **want to travel** to many world heritage sites. **Especially** the Taj Mahal.
多くの世界遺産に旅してみたいんです。特にタージマハルですね。
* world heritage site「世界遺産」

Unit 24 趣味について話す（室内）

Step 1-3 センテンス・シャドーイング！

Step 1 ☞ 各センテンスを理解しよう！ 文法や語いを確認しよう！
Step 2 ☞ スロー・スピードで各センテンスをシャドーイングしよう！
Step 3 ☞ ナチュラル・スピードで各センテンスをシャドーイングしよう！

① I **have a** unique hobby. I make Santa Claus dolls!

私にはユニークな趣味があります。サンタクロースの人形を作るんです！

- unique「独特な」　hobby「趣味」
- have a は音をつなげて [ハヴァ] のように発音しましょう。

② I learned the technique **when I** visited America.

アメリカを訪れていたときにテクニックを学びました。

- when ...「…のとき」　時間を表す接続詞です。
- technique「技；テクニック」　visit「訪問する；訪れる」
- when I は音がつながり [ウェナイ] のように発音します。

③ First you peel **an apple**. After it gets really **old and dry**, it shrinks and wrinkles.

まずリンゴの皮をむきます。かなり古くなって乾燥したあと、リンゴは縮んでしわしわになります。

- After ...「…したあと；…すると」　時間を表す接続詞です。
- first「まず；最初に」　peel「皮をむく」　dry「乾燥した」　shrink「縮む」　wrinkle「しわしわになる」
- an apple はつながって [アナップル] と発音しましょう。old and dry は [オウルダン＿ドゥライ] のように発音します。old と and はつながり、and の [d] の音がなくなります。

④ So **it looks** like the head of **an old** man or lady.

だから、リンゴがおじいさんやおばあさんの顔みたいに見えるんです。

- So ...「だから…」　前の文を受けて「だから…」と順接を表します。
- look like ...「…のように見える」
- it looks は [t] の音がなくなることがあります。an old はつながり [アノウルド] と発音します。

⑤ Then I use **cotton** for the beard, and **little** wires and beads for the glasses and eyes.
それから、ひげには綿を使い、メガネと目には小さなワイヤーとビーズを使います。

- Then ...「それから…」 時間の順序を表します。
- cotton「綿」　wire「ワイヤー」　beads「ビーズ」　glasses「メガネ」
- cotton は [カットゥン] ではなく [カッʊン] という発音です。CDで確認しましょう。little は [t] の音が跳ねて [リドゥ [ル] ル] という発音になります。

⑥ I can sew, so it's easy to make clothes for them. Sometimes I make Mrs. Santa too.
縫い物ができるので、サンタの洋服を作るのはかんたんです。ときどきミセスサンタも作るんです。

- it's easy to ...「…することはかんたんだ」　to ... 以下の不定詞が意味上の主語になっています。
- sew「縫う」　sometimes「ときには；ときどき」

⑦ Santa carries a bag with presents, right?
サンタさんはプレゼント入りの袋をもってますよね？

- ..., right?「…ですよね？」
- carry「運ぶ；持ち運ぶ」　with ...「…の入った」

⑧ I put **little** pieces of candy in the bags, and **give them** to my friends as Christmas presents. People **love them**!
キャンディーの欠片を袋に入れて、友達にクリスマス・プレゼントとしてあげるんです。みんなとても気に入ってくれるんですよ！

- put「置く；入れる」　piece「小片」　give A to B「AをBにあげる」
- little は [t] の音が跳ねて [リドゥ [ル] ル] という発音になります。give them は [ð] の音がなくなってつながり [ギヴェム] という発音になる場合があります。love them も同じ仕組みで [ラヴェム] という発音になることがあります。

Step 4 モノローグ・シャドーイング！

ナチュラル・スピードでモノローグ全体を一気にシャドーイングしよう！

① I **have a** unique hobby. I make Santa Claus dolls! ② I learned the technique **when I** visited America. ③ First you peel **an apple**. After it gets really **old and dry**, it shrinks and wrinkles. ④ So **it looks** like the head of **an old** man or lady. ⑤ Then I use **cotton** for the beard, and **little** wires and beads for the glasses and eyes. ⑥ I can sew, so it's easy to make clothes for them. Sometimes I make Mrs. Santa too. ⑦ Santa carries a bag with presents, right? ⑧ I put **little** pieces of candy in the bags, and **give them** to my friends as Christmas presents. People **love them**!

① 私にはユニークな趣味があります。サンタクロースの人形を作るんです！ ② アメリカを訪れていたときにテクニックを学びました。 ③ まずリンゴの皮をむきます。かなり古くなって乾燥したあと、リンゴは縮んでしわしわになります。 ④ だから、リンゴがおじいさんやおばあさんの顔みたいに見えるんです。 ⑤ それから、ひげには綿を使い、メガネと目には小さなワイヤーとビーズを使います。 ⑥ 縫い物ができるので、サンタの洋服を作るのはかんたんです。ときどきミセスサンタも作るんです。 ⑦ サンタさんはプレゼント入りの袋をもってますよね？ ⑧ キャンディーの欠片を袋に入れて、友達にクリスマス・プレゼントとしてあげるんです。みんなとても気に入ってくれるんですよ！

Step 5
もっとシャドーイング！

太字の部分の発音に注意して、関連表現を**ナチュラル・スピード**でシャドーイングしよう！

❶ I collect world currencies. My collection has 150 **countries**!
　　世界のお金を集めています。150の国のコレクションがありますよ！
　　＊ currency「通貨」

❷ My hobby is **freshwater** fishing. I especially love trout fishing.
　　私の趣味は川釣りです。特にマス釣りが大好きです。

❸ Recently, my hobby is **watercolor** painting. I go to a local culture center for lessons.
　　最近の私の趣味は水彩画です。地元のカルチャーセンターにレッスンに通っています。

❹ I go to **at least** four movies a month. Movies are my favorite pastime.
　　月に少なくとも4回は映画に行きます。映画は私のお気に入りの気晴らしなんです。
　　＊ pastime「気晴らし；娯楽」

❺ I think I have too many hobbies! I need more time to **just do** nothing.
　　あまりにも趣味が多いんです！もっとなにもしない時間が必要ですね。

❻ I love baking. Now I am teaching my **daughter** to bake too.
　　ベーキングが大好きです。いま娘にもベーキングを教えているんです。
　　＊ baking「(パンや焼き菓子などを) 焼くこと」

❼ I have a simple hobby: walking. I walk about six **kilometers** every day.
　　私の趣味はシンプルで歩くことです。毎日6キロほど歩いています。

❽ I love rock festivals! I go to three or four every year.
　　ロック・フェスティバルが大好きです！毎年3回か4回は行ってます。

❾ My hobbies are the **traditional** Japanese arts. Tea ceremony, kimono and flower arrangement.
　　伝統的な日本の芸術が趣味なんです。茶道や着物、華道などです。
　　＊ tea ceremony「茶道」　flower arrangement「華道」

❿ I collect old LPs. The prize of my collection is **an original** "Sergeant Pepper's Lonely Hearts Club Band."
　　古いLPレコードを集めています。オリジナルの『サージャント・ペッパーズ・ロンリー・ハーツ・クラブ・バンド』が宝物です。
　　＊ prize「ずば抜けてすばらしいもの」

Unit 25 恋愛について話す

Step 1-3 センテンス・シャドーイング！

Step 1 ☞ 各センテンスを理解しよう！ 文法や語いを確認しよう！
Step 2 ☞ **スロー・スピード**で各センテンスをシャドーイングしよう！
Step 3 ☞ **ナチュラル・スピード**で各センテンスをシャドーイングしよう！

① **As a** woman, it is really **important** to know **that I** am special to someone.

女性としては、だれかの特別な人であると自覚することはとても大事なことなんです。

- it is ... to ...「…することは…だ」 to ... 以下の不定詞が実際の主語になります。
  that ...「…ということ」 名詞節を作る that です。
- woman「女性」 important「重要な」 special「特別な」
- as a は音がつながり [アザ] と発音します。important は [t] の音が跳ねて [イムポーダ [ラ] ント] という発音になります。that I も音がつながり、さらに [t] の音が跳ねるため [ザッダ [ラ] イ] と発音されます。

② **When I** don't have a boyfriend, I feel very lonely.

彼氏がいないと、とてもさみしく感じます。

- When ...「…のときは」 時間や場合を表します。
- lonely「さみしい；孤独な」
- When I は音がつながり [ウェナイ] と発音します。

③ The problem is that my current boyfriend is very busy, so I **can't meet him** so much.

私の問題はいまの彼がとても忙しくて、あまりたくさん会えないことなんです。

- The problem is that ...「問題は…ということです」 that ... busy は名詞節で「彼氏がとても忙しいということ」という意味を表しています。
- problem「問題」 not ... so much「それほど…ない」
- can't の [t] の音がなくなることがあります。meet him の him は [h] の音がなくなります。meet に [イム] がつながって跳ねるため [ミーディ [リ] ム] と発音されます。

④ I know he cares **about me**, but **at least** he needs to text me more.

私のことを気にかけてくれているのはわかっているんですが、少なくとももうちょっとくらいショートメールを送ってくれるべきだと思うんです。

- need to ...「…する必要がある」 不定詞の名詞的用法です。
- care about ...「…を気にかける」　at least「少なくとも」　text「ショートメールを送る」
- about me からは [t] の音がなくなることがあります。at least の at からも [t] の音がなくなる場合があります。

⑤ Because of his job, we **can only** meet once a week.

彼の仕事のせいで、私たちは週に一度しか会えません。

- because of ...「…だから」　only「だけ」　once a week「週に一度」
- can only は音がつながり [キャノウンリー] と発音します。

⑥ I **want to** see him every day!

私は彼に毎日会いたいんです！

- want to ...「…したい」 to ... は不定詞の名詞的用法で、動詞の want の目的語になっています。
- want to の want からは [t] の音がなくなります。さらに [ウォナ] と短く発音されることもあります。

⑦ I **should probably try to** be more independent, but that's just not me.

もう少し独立すべきなのでしょうけど、それって私ではないのです。

- should ...「…すべき；したほうがよい」 義務・当然などを表す助動詞です。
  try to ...「…するようにする」 try は「試みる」、to ... は「…することを」という不定詞の名詞的用法です。
- probably「おそらく」
- should の最後の [d] の音がなくなります。probably からは [b] の音がなくなったり弱くなったりします。try to の to は跳ねるような音に変わるため [トゥライドゥ [ル] ー] と発音されます。

Unit 25

Step 4 モノローグ・シャドーイング！

ナチュラル・スピードでモノローグ全体を一気にシャドーイングしよう！

Unit 25 の Step 4 と Step 5 は、トラック数制限の関係で、どちらもトラック 99 に収録してあります。

① **As a** woman, it is really **important** to know **that I** am special to someone. ② **When I** don't have a boyfriend, I feel very lonely. ③ The problem is that my current boyfriend is very busy, so I **can't meet him** so much. ④ I know he cares **about me**, but **at least** he needs to text me more. ⑤ Because of his job, we **can only** meet once a week. ⑥ I **want to** see him every day! ⑦ I **should probably try to** be more independent, but that's just not me.

① 女性としては、だれかの特別な人であると自覚することはとても大事なことなんです。 ② 彼氏がいないと、とてもさみしく感じます。 ③ 私の問題はいまの彼がとても忙しくて、あまりたくさん会えないことなんです。 ④ 私のことを気にかけてくれているのはわかっているんですが、少なくとももうちょっとくらいショートメールを送ってくれるべきだと思うんです。 ⑤ 彼の仕事のせいで、私たちは週に一度しか会えません。 ⑥ 私は毎日会いたいんです！ ⑦ もう少し独立すべきなのでしょうけど、それって私ではないのです。

Step 5 もっとシャドーイング！

太字の部分の発音に注意して、関連表現を**ナチュラル・スピード**でシャドーイングしよう！

Unit 25 の Step 4 と Step 5 は、トラック数制限の関係で、どちらもトラック 99 に収録してあります。

❶ It's **hard to** find someone who really **understands you**.
自分をほんとうに理解してくれる人を探すのは難しいですよ。

❷ The most **important** part **of a** relationship is just spending time together.
恋愛でもっとも大事な部分は、ただいっしょに時間を過ごすことだと思います。
＊ relationship「恋愛関係」

❸ I love the kissing, holding hands, and cuddling best.
キスとか手をつないだりとか、抱擁がいちばん好きなんです。
＊ cuddling「抱きしめること」

❹ I **want to meet a** man like my father! To me, he's perfect!
父みたいな男性に出会いたいんです！私にとってはパーフェクトなんです！

❺ I've **had a** few boyfriends, but he's the first guy I really love.
何人かボーフレンドはいましたが、彼は私がはじめてほんとうに愛している人なんです。
＊ guy「男性；人」

❻ I feel so happy **when I** see my lover's smile!
愛する人のほほえみを見ると、とても幸せなんです！

❼ Women want boyfriends who **treat them like a** princess!
女性は自分をプリンセスみたいに扱ってくれる彼氏を望んでいるんです！
＊ treat「扱う」

❽ I **don't want to** be in a relationship right now. I need some time alone.
いまは恋愛関係になりたくなんです。ちょっとひとりでいたいんですよ。
＊ alone「孤独で；独りで」

❾ I can't believe that me **and my** boyfriend have been together three years!
私と彼が 3 年もいっしょにいるなんて信じられません！

❿ Valentine's Day is next week. I **want a** romantic day!
バレンタインは来週。ロマンチックな日にしたいな！

Unit 26 結婚について話す

Step 1-3 センテンス・シャドーイング！

Step 1 ☞ 各センテンスを理解しよう！ 文法や語いを確認しよう！
Step 2 ☞ **スロー・スピード**で各センテンスをシャドーイングしよう！
Step 3 ☞ **ナチュラル・スピード**で各センテンスをシャドーイングしよう！

① I am **getting** married next month. It's the only thing I can **think about** right now!

私は来月結婚します。いまはそのことしか考えられないんです！

- be getting married「結婚します」 進行形で近い将来を表しています。
  the only thing (that) I can …「…できる唯一のこと」 that … 以下は関係代名詞節で、直前の the only thing を説明しています。
- get married「結婚する」 right now「ちょうどいま」
- getting の [t] の音が跳ねて [ゲディ [リ] ング] と発音されます。think about は音がつながり [シンカバウト] あるいは [シンカバウ__] と発音されます。

② There are many things **that I** need to prepare.

準備しなければならないことがたくさんあります。

- many things that … that … 以降は ① と同様関係代名詞節です。
- prepare「準備する」
- that I は音をつなげ跳ねるように [ザッダ [ラ] イ] と発音しましょう。

③ My mother is **doing** most of the arrangements, because I have a full time job.

私はフルタイムで仕事をしているので、母が手配のほとんどをやってくれています。

- is doing「行っている」 現在進行形です。
  because …「…なので」 理由を表す節を導く接続詞です。
- arrangement「手配」 full time job「フルタイムの仕事」
- doing の最後の [g] の音がなくなることがあります。

④ But every evening she **and I** talk for **at least** two hours **about the** plans.
でも、毎晩、母と私は少なくとも2時間は計画に関して話をします。

- she and I がこの文の主語、talk が動詞です。
- plan「計画」
- and I から [d] の音がなくなりつながるため [アナイ] という発音になります。at least の at からは [t] の音が消えたり弱まったりします。about the の [t] の音がなくなります。

⑤ We **want** everything to be perfect!
すべてを完璧にしたいのです！

- want A to be B の文型は「AがBになることを望む」という意味で使われます。
- perfect「完璧な」
- want の最後の [t] の音がなくなることがあります。

⑥ Plus, my boyfriend **and I** spent two whole months to find an apartment.
さらに、彼と私はアパート探しに、まるまる2カ月をかけました。

- spend「費やす」　two whole months「まるまる2カ月」
- and I の [d] の音がなくなってつながり [アナイ] と発音されます。

⑦ We **needed to** find one that was close to both our jobs.
ふたりの職場のどちらにも近いところを探す必要があったんです。

- need to ...「…することが必要だ」 to ... は不定詞の名詞的用法。
- close to ...「…に近い」　both -s「…の両方」
- needed to の [d] の音がなくなります。

⑧ **That was** hard! Basically, I am exhausted, but happy!
とても大変でした！ 基本、私はすごく疲れていますが、幸せなのです！

- hard「大変な；厳しい；難しい」　exhausted「疲れ果てた；ヘトヘトの」
- That was では [t] の音がなくなることがあります。

結婚について話す 》》》 113

Step 4 モノローグ・シャドーイング！

ナチュラル・スピードでモノローグ全体を一気にシャドーイングしよう！

① I am **getting** married next month. It's the only thing I can **think about** right now! ② There are many things **that I** need to prepare. ③ My mother is **doing** most of the arrangements, because I have a full time job. ④ But every evening she **and I** talk for **at least** two hours **about the** plans. ⑤ We **want** everything to be perfect! ⑥ Plus, my boyfriend **and I** spent two whole months to find an apartment. ⑦ We **needed to** find one that was close to both our jobs. ⑧ **That was** hard! Basically, I am exhausted, but happy!

① 私は来月結婚します。いまはそのことしか考えられないんです！　② 準備しなければならないことがたくさんあります。　③ 私はフルタイムで仕事をしているので、母が手配のほとんどをやってくれています。　④ でも、毎晩、母と私は少なくとも2時間は計画に関して話をします。　⑤ すべてを完璧にしたいのです！　⑥ さらに、彼と私はアパート探しに、まるまる2カ月をかけました。　⑦ ふたりの職場のどちらにも近いところを探す必要があったんです。　⑧ とても大変でした！　基本、私はすごく疲れていますが、幸せです！

Step 5 もっとシャドーイング！

太字の部分の発音に注意して、関連表現を**ナチュラル・スピード**でシャドーイングしよう！

❶ **I am** so busy with wedding plans!
　結婚式の計画でとても忙しくしています！

❷ **Planning a** wedding is very time-consuming!
　結婚式の計画はとても時間がかかるんです！
　* time-consuming「時間のかかる」

❸ **There are** so many things to decide **and** prepare!
　決めたり準備したりすることがものすごくたくさんあるんです！

❹ You have to book your wedding venue very early.
　式場をものすごく早く予約しなければなりません。
　* book「予約する」 venue「開催地；現地」

❺ I am so lucky that my mother is **giving me** so much help!
　母がものすごく手伝ってくれて、とてもラッキーです！

❻ **It's going to be** a small wedding of relatives **and** close friends.
　親類と友達だけの小さな結婚式にするつもりです。

❼ The reception after the wedding **will be** big. Probably about 100 people.
　式のあとの披露宴は大きいですよ。だいたい 100 人くらいになります。
　* reception「披露宴」

❽ I **asked** my friend to sing **at the** reception. She has a lovely voice.
　友人に披露宴で歌ってくれるように頼みました。美しい声なんですよ。
　* ask A to B「A に B してくれと頼む」

❾ My friends from high school and college will say a few words **at the party**.
　高校や大学の友達がパーティーでかんたんなスピーチをしてくれます。
　* say a few words「かんたんなスピーチをする」

❿ We **found a** lovely chapel to hold the ceremony.
　式を挙げるすてきなチャペルを見つけました。

結婚について話す

Unit 27 理想の結婚式について話す

Step 1-3 センテンス・シャドーイング！

- Step 1 ☞ 各センテンスを理解しよう！ 文法や語いを確認しよう！
- Step 2 ☞ スロー・スピードで各センテンスをシャドーイングしよう！
- Step 3 ☞ ナチュラル・スピードで各センテンスをシャドーイングしよう！

① I only **plan on getting** married once, of course!

もちろん、結婚するは一度だけの予定です！

- plan on -ing「することを予定する」 -ing は動名詞です。
- get married「結婚する」 once「一度」 of course「もちろん」
- plan on は音をつなげて [プラノン] と発音しましょう。getting の [t] の音は跳ねるようにし [ゲディ[リ]ング] と発音します。

② So I **want to have a** very special wedding.

なので、とても特別な結婚式にしたいのです。

- want to ...「…したい」 to ... は不定詞の名詞的用法です。
- special「特別な」
- want to からは want の [t] の音がなくなることがあります。さらに短く [ウォナ] と発音する場合もあります。have a は音をつなげて [ハヴァ] と発音します。

③ I love Hawaii, and so **being married there** is a dream of mine.

ハワイが大好きなので、そこで結婚するのが私の夢なんです。

- being married there「そこで結婚すること」 この動名詞句が2番目の文の主語になっています。
- dream「夢」
- being married there からは [g] や [d] の音がなくなることがあります。

④ I **want to** have the ceremony **right on** the beach.

ビーチで式を挙げたいのです。

- ceremony「式；式典」 right on ...「まさに…の上で」
- want to からは want の [t] の音がなくなることがあります。さらに短く [ウォナ] と発音する場合もあります。right on は音がつながると同時に [t] の音が跳ねるようになり [ライド [ロ] ン] と発音されます。

⑤ I **want to** invite only a few people.

招待するのは少しの人だけでいいと思っています。

- invite「招待する」　only a few …「ほんの少々の…だけ」
- want to からは want の [t] の音がなくなることがあります。さらに短く [ウォナ] と発音する場合もあります。

⑥ Just the most **important** people in my life, and my future husband's.

私と未来の夫の人生でもっとも大切な人だけです。

- 主語や動詞のないセンテンスです。
  most important「もっとも大事な」　形容詞 important の最上級です。
- life「人生」　future「将来の」　husband「夫」
- important は途中の [t] の音を跳ねさせて [イムポーダ [ラ] ント] と発音しましょう。

⑦ I imagine the wedding during a **beautiful** sunset, and then the rise of a huge moon. I **will be** so happy!

美しい日没、そのあと大きな月が出てくる結婚式を想像しています。とっても幸せなことでしょう!

- will be …「…でしょう」　will は未来を表す助動詞です。
- during …「(期間が) …の間の」　sunset「日没」　rise「上昇」　huge「巨大な」
- beautiful は跳ねるように [ビューディ [リ] フル] と発音します。will be の [l] の音は弱まったりなくなったりします。

理想の結婚式について話す

Unit 27

Step 4
モノローグ・シャドーイング！

ナチュラル・スピードでモノローグ全体を一気にシャドーイングしよう！

① I only **plan on getting** married once, of course! ② So I **want to have a** very special wedding. ③ I love Hawaii, and so **being married there** is a dream of mine. ④ I **want to** have the ceremony **right on** the beach. ⑤ I **want to** invite only a few people. ⑥ Just the most **important** people in my life, and my future husband's. ⑦ I imagine the wedding during a **beautiful** sunset, and then the rise of a huge moon. I **will be** so happy!

① もちろん、結婚するは一度だけの予定です！ ② なので、とても特別な結婚式にしたいのです。 ③ ハワイが大好きなので、そこで結婚するのが私の夢なんです。 ④ ビーチで式を挙げたいのです。 ⑤ 招待するのは少しの人だけでいいと思っています。 ⑥ 私と未来の夫の人生でもっとも大切な人だけです。 ⑦ 美しい日没、そのあと大きな月が出てくる結婚式を想像しています。とっても幸せなことでしょう！

Step 5
もっとシャドーイング！

太字の部分の発音に注意して、関連表現を**ナチュラル・スピード**でシャドーイングしよう！

❶ I once saw a lovely **little** church in Kobe. That is the place I **want to** be married!
かつて神戸ですてきな小さな教会を見たことがあります。そこで結婚したいんです！

❷ I **want to get married** on a cruise ship on the Mediterranean Sea!
地中海の豪華客船の上で結婚したいんです！
 * Mediterranean Sea「地中海」

❸ My favorite movie is "Roman Holiday," so I **want to** have my wedding in Rome.
大好きな映画が『ローマの休日』なので、ローマで結婚式を挙げたいんです。

❹ I love nature. I **want to** have my wedding outdoors, in a **beautiful** forest.
自然が大好きなんです。戸外の美しい森の中で式を挙げたいです。
 * outdoors「屋外で」

❺ I **want** my wedding to last for days! Dancing, singing, and talking with the people I love.
何日にもわたる式にしたいんです！大好きなみんなと踊ったり、歌ったり、おしゃべりしたりしたいんです。
 * want A to B「AにBさせたい」 last「続く」

❻ My parents were married in Hawaii. I **want to** be married in the exact same place.
両親はハワイで結婚しました。まったく同じ場所で結婚したいんです。
 * exact「まさに」

❼ I **want a** very small wedding. I just **want to be** with my boyfriend!
とても小さな式を挙げたいです。彼氏とふたりだけがいいんです！

❽ We will go to Jamaica for ten days **on our** honeymoon. I **can't** wait!
ハネムーンには10日間ジャマイカに行きます。待ちきれません！
 * can't wait「待ちきれない」

❾ Our honeymoon **will be** wonderful! Two weeks in Spain!
すばらしいハネムーンになります！スペインに2週間行くんです！

❿ This is my image of the perfect wedding: champagne, dancing and **LOTS of** kisses!
これが私の完璧な結婚式のイメージなんです。シャンパン、ダンス、そしてたくさんのキッス！

Unit 28 子どもについて話す

Step 1-3 センテンス・シャドーイング！

Step 1 ☞ 各センテンスを理解しよう！ 文法や語いを確認しよう！
Step 2 ☞ **スロー・スピード**で各センテンスをシャドーイングしよう！
Step 3 ☞ **ナチュラル・スピード**で各センテンスをシャドーイングしよう！

① Young **married couples** have to think about the size of their family.

若い夫婦は家族の大きさについて考えなければなりません。

- married couple「結婚したカップル」 married は過去分詞で後ろの couple を説明しています。
- size「サイズ；大きさ」
- married couples の [d] の音がなくなることがあります。

② These days, **it is** expensive to take care of just one child.

最近は、たったひとりの子どもの世話にも、たくさんのお金がかかります。

- It is expensive to ...「…するのが高額だ」 to ... 以下の不定詞が意味上の主語。
- take care of ...「…の世話をする；面倒をみる」
- it is は音をつなげ [イディ [リ] ズ] のように跳ねるように発音します。短縮形の it's [イッツ] の発音になることもあります。

③ On the other hand, if both of the parents love children, they will **want to** raise a big family.

一方で、両親が共に子ども好きなら、たくさんの子どもたちを育てたいことでしょう。

- if ...「…なら；…の場合」 仮定・場合を表します。
- on the other hand「一方」 raise a big family「多くの子どもを育てる」（ここでは family は「子どもたち」の意味で使われています）
- want to からは want の [t] の音がなくなることがあります。want to は [ウォナ] と発音する場合もあります。

④ In my case, I **want to** have **at least** two.

私の場合、少なくともふたりは子どもが欲しいんです。

- in my case「私の場合」 at least「少なくとも」
- want to からは want の [t]、at least からは at の [t] の音がなくなることがあります。want to は [ウォナ] と発音する場合もあります。

⑤ One child **will be** lonely, so I think two is the minimum.
ひとりっ子はさみしいでしょうから、ふたりが最低限だと思います。

- ..., so ...「…なので…」 順接の関係を示します。
  I think (that) ...「…だと思う」 that ... 以下は「…ということ」という意味になる名詞節です。
- one child「ひとりっ子」　minimum「最低限」
- will be の [l] の音は弱まったりなくなることがあります。

⑥ Personally, I want a boy **and a** girl, **but I** think children like being with their own gender more.
個人的には、男の子と女の子が欲しいのですが、子どもは同性といっしょにいるほうをずっと好むと思います。

- I think (that) ...「…だと思う」 that ... 以下は「…ということ」という意味になる名詞節です。
  like being ...「…であることを好む」 being ... は動名詞。「…ということ」という意味を表します。
- personally「個人的には」　one's own ...「自身（所有）の…」　gender「性」
- and a からは [d] の音がなくなり [アナ] という発音になります。but I はつながって跳ねるように [バッダ [ラ] イ] と発音しましょう。

⑦ So maybe I **need TWO** girls and TWO boys!
なので、おそらく私にはふたりの女の子とふたりの男の子が必要なんです！

- maybe「おそらく」　need「必要とする；必要だ」
- need TWO から [d] の音がなくなることがあります。

子どもについて話す　≫≫ 121

Unit 28

Step 4 モノローグ・シャドーイング！

ナチュラル・スピードでモノローグ全体を一気にシャドーイングしよう！

① Young **married couples** have to think about the size of their family. ② These days, **it is** expensive to take care of just one child. ③ On the other hand, if both of the parents love children, they will **want to** raise a big family. ④ In my case, I **want to** have **at least** two. ⑤ One child **will be** lonely, so I think two is the minimum. ⑥ Personally, I want a boy **and a** girl, **but I** think children like being with their own gender more. ⑦ So maybe I **need TWO** girls and TWO boys!

① 若い夫婦は家族の大きさについて考えなければなりません。 ② 最近は、たったひとりの子どもの世話にも、たくさんのお金がかかります。 ③ 一方で、両親が共に子ども好きなら、たくさんの子どもたちを育てたいことでしょう。 ④ 私の場合、少なくともふたりは子どもが欲しいんです。 ⑤ ひとりっ子はさみしいでしょうから、ふたりが最低限だと思います。 ⑥ 個人的には、男の子と女の子が欲しいのですが、子どもは同性といっしょにいるほうをずっと好むと思います。 ⑦ なので、おそらく私にはふたりの女の子とふたりの男の子が必要なんです！

Step 5
もっとシャドーイング！

太字の部分の発音に注意して、関連表現を**ナチュラル・スピード**でシャドーイングしよう！

❶ I love babies! I want a big family!
　赤ちゃんが大好きです！大家族にしたいんですよ！

❷ I think I can only **afford to** raise one child.
　子どもはひとり育てるのがやっとだと思います。
　＊ afford「余裕がある」 raise「育てる」

❸ Like many parents, I want a boy **and a** girl.
　多くの親のように、一男一女が欲しいんです。

❹ I want a girl. I heard **that they** are easier to raise.
　女の子が欲しいですね。育てるのが楽だと聞きますから。

❺ I **want to** have a big family. **But I** live in the **city**, so it's hard.
　大家族にしたいんです。でも、都会に住んでいるので難しいんです。

❻ I **want a** big family. So I will live in the country in the future.
　大家族が欲しいんです。だから、将来は田舎に暮らします。

❼ I **want to** have two kids close together. **That way** they can be friends.
　年の近い子どもがふたり欲しいんです。そうすればふたりで友達になれますし。
　＊ have ... close together「近い時期に…を産みたい」

❽ I **want** one boy, one girl, one dog and one cat! That's my dream!
　男の子ひとりと女の子ひとり、それと犬が1匹と猫が1匹欲しいですね！それが私の夢なんです！

❾ My husband **and I don't plan** to have children.
　夫と私は子どもを作ることは計画してないんです。

❿ **Taking care** of more than one child is a huge expense.
　ふたり以上の子ども世話をするのはものすごい出費になります。
　＊ more than one「ひとりよりも多い」 expense「出費」

Unit 29 子どもの教育について話す

Step 1-3 センテンス・シャドーイング！

Step 1 ☞ 各センテンスを理解しよう！ 文法や語いを確認しよう！
Step 2 ☞ **スロー・スピード**で各センテンスをシャドーイングしよう！
Step 3 ☞ **ナチュラル・スピード**で各センテンスをシャドーイングしよう！

① I know that education is very **important** for my child.

教育は子どものためにとても大事なことです。

- I know that ... 「…がわかっている」 that ... 以下は「…ということ」という意味の名詞節になっています。
- education「教育」 child「子ども」
- important の [t] の音を跳ねるようにして [イムポーダ [ラ] ント] と発音しましょう。

② English is very **important** for business success.

英語はビジネスでの成功にとても重要です。

- business「仕事；ビジネス」 success「成功」
- important の [t] の音を跳ねるようにして [イムポーダ [ラ] ント] と発音しましょう。

③ So I think I should send my child to an **international** school.

なので、自分の子どもをインターナショナル・スクールに入れるべきかなと考えています。

- should ... 「…すべき」 当然・義務を表す助動詞です。
- send「送る；通わせる」 international「国際的な」
- international の [t] の音がなくなり [イナーナショヌル] と発音されます。

④ They are very expensive. **But I** think learning English and **meeting** children from different **countries** is **important**.

高額ですが、英語を学ぶことや異なる国の子どもたちと出会うことが重要だと思うんです。

- I thinks (that) ... 「…と思う」 that ... 以下は名詞節で「…ということ」という意味です。
  learning English ... countries　that 節の中の主語。is が動詞になっています。
- expensive「高価な」 learn「学ぶ」 different「異なる」
- But I は [t] の音が跳ねながらつながり [バッダ [ラ] イ] と発音します。meeting や important も同じように [ミーディ [リ] ング] [イムポーダ [ラ] ント] と発音しましょう。countries は [カントゥリーズ] ではなく [カンチュリーズ] と変化させます。

⑤ **One of** my friends is sending her **daughter** to an **international** school.
友人のひとりが娘さんをインターナショナル・スクールに通わせています。

- is sending「通わせている」 現在進行形で習慣を表しています。
- one of -s「…のひとり；ひとつ」
- one of は音がつながり［ワナヴ］と発音します。最後の［ v ］の音がなくなることもあります。daughter は［ t ］の音が跳ねて［ドーダ［ラ］ー］、international は［ t ］の音が消え［イナーナショヌル］と発音します。

⑥ She is very happy there, **and is** learning a lot.
娘さんはとても学校を楽しんでいますし、たくさんのことを学んでいます。

- there「そこで」　a lot「たくさん」
- and is から and 最後の［ d ］がなくなって［アニズ］とつながります。

⑦ I **need to get a part time** job to pay for the tuition.
学費を払うためにパートに出る必要がありそうです。

- tuition「学費」
- need to からは［ d ］の音が、part time の part からは［ t ］の音がなくなります。get a は［ t ］の音が跳ねながらつながり［ゲッダ［ラ］］と発音します。

Step 4 モノローグ・シャドーイング！

ナチュラル・スピードでモノローグ全体を一気にシャドーイングしよう！

① I know that education is very **important** for my child. ② English is very **important** for business success. ③ So I think I should send my child to an **international** school. ④ They are very expensive. **But I** think learning English and **meeting** children from different **countries** is **important**. ⑤ **One of** my friends is sending her **daughter** to an **international** school. ⑥ She is very happy there, **and is** learning a lot. ⑦ I **need to get a part time** job to pay for the tuition.

① 教育は子どものためにとても大事なことです。 ② 英語はビジネスでの成功にとても重要です。 ③ なので、自分の子どもをインターナショナル・スクールに入れるべきかなと考えています。 ④ 高額ですが、英語を学ぶことや異なる国の子どもたちと出会うことが重要だと思うんです。 ⑤ 友人のひとりが娘さんをインターナショナル・スクールに通わせています。 ⑥ 娘さんはとても学校を楽しんでいますし、たくさんのことを学んでいます。 ⑦ 学費を払うためにパートに出る必要がありそうです。

Step 5 もっとシャドーイング！

太字の部分の発音に注意して、関連表現を**ナチュラル・スピード**でシャドーイングしよう！

❶ Choosing a school for your child is very **important**.
　子どもの学校を選ぶことはとても重要です。

❷ Children need a balance between play time **and** study time.
　子どもは遊ぶ時間と勉強の時間でバランスを取る必要があります。
　＊ between A and B「A と B の間」

❸ I **want to** give my child a good education.
　子どもにはいい教育を受けさせたいんです。

❹ My husband **and I** talk a lot **about our** child's education.
　夫と私は子どもの教育についてたくさん話をしています。

❺ My son hates to study! I have to push him.
　息子は勉強が嫌いなんです！　無理にやらせなきゃならないんですよ。
　＊ push「強いる；無理にやらせる」

❻ I **don't push** my child too hard about studying.
　勉強についてはあまり強く言いません。

❼ I think Japanese kids **need to** grow up with an **international** perspective.
　日本の子どもたちは、国際的な視点をもつように育たねばならないと思います。
　＊ perspective「視点；視野」

❽ I am really happy that my **daughter** enjoys studying.
　娘が勉強好きでとてもうれしいです。

❾ My son **doesn't** spend enough time on homework.
　息子は宿題に十分な時間をかけていません。
　＊ enough「十分な」

❿ My kids **get decent grades**, **but they need to** try harder!
　うちの子はいい成績を取っていますが、もっとがんばる必要があります！
　＊ decent grades「立派な成績」

Unit 30 近隣のことについて話す

Step 1-3 センテンス・シャドーイング！

Step 1 ☞ 各センテンスを理解しよう！ 文法や語いを確認しよう！
Step 2 ☞ **スロー・スピード**で各センテンスをシャドーイングしよう！
Step 3 ☞ **ナチュラル・スピード**で各センテンスをシャドーイングしよう！

① Moms with kids in school are always busy!

子どもを学校に通わせている母親たちはいつも忙しいんです！

- kids「子どもたち」　always「いつも」　busy「忙しい」

② Every morning **this year**, I'm **part of** the traffic patrol to guide the children to school safely.

今年は毎朝、子どもを安全に学校までガイドする交通パトロールの一員なのです。

- to guide ...「...をガイドするための」　不定詞の形容詞的用法で直前の traffic patrol を説明しています。
- traffic「交通」　patrol「パトロール」　safely「安全に」
- this year は [ズィシャー] という発音に変化します。part of は [t] の音を跳ねるように [パーダ [ラ] ヴ] と発音しましょう。

③ I also **have to** do lots of work to prepare for Sports Day, school festivals, etc.

それに、運動会や学校のお祭りなどの準備のためにも、たくさんの仕事をしなければなりません。

- to prepare for ...「...の準備をするために」　不定詞の副詞的用法です。
- Sports Day「運動会」　school festival「(文化祭；夕涼み会などの) 学校のお祭り」
  ..., etc.「...などなど」
- have to は [ハフトゥー] と [v] ではなく [f] 音で濁らせずに発音しましょう。

④ **Right now** I am busy making costumes for my son and **daughter** because the school is going to **have a** Halloween **party** next week.

いまは、息子と娘のコスチューム作りで忙しくしています。来週、学校でハロウィン・パーティーがあるからです。

- because ...「…なので」 理由を表す副詞節を作ります。
  be going to ...「…する予定だ」 未来の予定を表します。
- be busy -ing「忙しく…している」　costume「衣装」
- Right now の [t] の音がなくなることがあります。daughter と party は [t] の音が跳ねて [ドーダ [ラ] ー][パーディ [リ] ー] と発音されます。have a は音がつながり [ハヴァ] と発音します。

⑤ Then **there are** the days to meet the teachers, or meet with other parents.

それから、先生やほかの保護者と会う日もあります。

- there are -s「…がある」 存在を表す構文です。
  the days to ...「…する日」 to ... 以下は不定詞の形容詞的用法。the days を説明しています。
- then「それから；そのあと；そして」　parent「親」
- there are は音がつながって [ゼァラー] という発音になる場合があります。

⑥ It's always something!

常時なにかがあるんです！

- この文の It's は It has の短縮形です。
- something「なにか」

⑦ It's **pretty** tiring, **but I** know how **important** it is.

とても疲れますが、大切さもわかっているつもりです。

- I know ... の部分は、もともと I know（私にはわかっている）+ how important is it?（それはどのくらい重要ですか）の組み合わせです。how 以下の疑問文は平叙文の形に直します。
- tiring「疲れさせる」
- pretty や important は [t] の音が跳ねて [プリディ [リ] ー][イムポーダ [ラ] ント] と発音します。but I も音がつながるときに [t] の音が跳ねるようになり [バッダ [ラ] イ] と発音されます。

Step 4 モノローグ・シャドーイング！

ナチュラル・スピードでモノローグ全体を一気にシャドーイングしよう！

① Moms with kids in school are always busy! ② Every morning **this year**, I'm **part of** the traffic patrol to guide the children to school safely. ③ I also **have to** do lots of work to prepare for Sports Day, school festivals, etc. ④ **Right now** I am busy making costumes for my son and **daughter** because the school is going to **have a** Halloween **party** next week. ⑤ Then **there are** the days to meet the teachers, or meet with other parents. ⑥ It's always something! ⑦ It's **pretty** tiring, **but I** know how **important** it is.

① 子どもを学校に通わせている母親たちはいつも忙しいんです！ ② 今年は毎朝、子どもを安全に学校までガイドする交通パトロールの一員なのです。 ③ それに、運動会や学校のお祭りなどの準備のためにも、たくさんの仕事をしなければなりません。 ④ いまは、息子と娘のコスチューム作りで忙しくしています。来週、学校でハロウィン・パーティーがあるからです。 ⑤ それから、先生やほかの保護者と会う日もあります。 ⑥ 常時なにかがあるんです！ ⑦ とても疲れますが、大切さもわかっているつもりです。

Step 5 もっとシャドーイング！

太字の部分の発音に注意して、関連表現を**ナチュラル・スピード**でシャドーイングしよう！ CD 2-20

❶ I always **run around**. I **need to** take my kids to school and other activities.
　いつも走り回ってます。子どもを学校やほかの活動に連れていかないといけなくて。
　＊ activity「活動」

❷ I am **helping to** make costumes for the school's Christmas dance **recital**.
　学校のクリスマスのダンス・リサイタル用のコスチューム作りを手伝っています。

❸ I volunteer as a coach for my son's primary school **basketball** team.
　ボランティアで、息子の小学校のバスケチームのコーチをしています。
　＊ volunteer「ボランティアする」

❹ The end of the year is a busy time for parents. Lots of school events happen.
　年末は親には忙しい時期です。学校行事が山盛りなんです。
　＊ happen「起こる」

❺ I joined the PTA, and my job is to schedule the **meetings**.
　PTA をやっていて、打ち合わせの予定を立てるのが私の仕事です。

❻ PTA **activities** are **interesting**, but tiring.
　PTA 活動はおもしろいのですがとても疲れます。
　＊ tiring「疲れさせる」

❼ Tomorrow I will be very busy. I **will be** preparing for Sports Day at school.
　明日はとても忙しいです。学校の運動会の準備なんです。
　＊ prepare「準備する」

❽ Today was Parent's Day **at** school. I enjoyed watching the classes.
　今日は学校の保護者デーでした。授業参観を楽しみました。

❾ I have to go to my building's tenant meeting twice a month.
　ビルの管理組合のミーティーングに月に 2 回、出なければなりません。
　＊ tenant「テナント；間借りしている人や会社」

❿ Everybody in my neighborhood cooperates to **make a** good festival every year.
　毎年、近所の人たち全員で協力して、すばらしいお祭りを作り上げています。
　＊ cooperate「協力する」

Unit 31 夢や目標について話す

Step 1-3 センテンス・シャドーイング！

Step 1 ☞ 各センテンスを理解しよう！ 文法や語いを確認しよう！
Step 2 ☞ スロー・スピードで各センテンスをシャドーイングしよう！
Step 3 ☞ ナチュラル・スピードで各センテンスをシャドーイングしよう！

① My dream is to have my own shop **and** sell the things I love.

私の夢は自分の店を持ってお気に入りの品物を売ることです。

- to have「持つこと」 不定詞の名詞的用法です。
  things (that) I love「私のお気に入りのもの」 that は関係代名詞の目的格で、that ... 以下が直前の things を説明しています。
- one's own「自分所有の」　sell「売る」
- and は [d] が抜け落ちて [アン] の音だけになることがあります。

② I collect **little** dolls and glass statues of animals.

私は小さな人形やガラスの動物の像を集めているんです。

- collect「収集する」　glass「ガラス」　statue「像」
- little では [t] の音が跳ねるようになり [リドゥ [ル] ル] と発音されます。

③ I **mostly** have frogs, mice, squirrels and giraffes.

おもに、カエルやネズミ、リスやキリンなどを持っています。

- A, B, C and D「A、B、CとD」 カンマと and を使って複数のものを並列しています。
- mostly「おもに」
- mostly からは [t] の音がなくなることがあります。

④ **Some of** them are from foreign countries, **such as** Belgium, Russia and Kenya.

ベルギーやロシア、ケニアなど海外のものもあります。

- some of -s「…の中のいくつか」　be from ...「…からやってくる；出身の」
  such as ...「…といった；…のような」
- some of は [サマヴ] とつなげるように発音しましょう。末尾の [v] の音がなくなることもあります。
  such as は [サッチャズ] と音がつながります。

⑤ **The biggest ones are only about as big as a tennis ball. And the smallest ones are tiny!**
最も大きなものでもテニスボール程度の大きさで、小さなものはとても小っちゃいんですよ!

- biggest「いちばん大きい」 形容詞 big の最上級です。
  as big as ...「…と同じくらい大きい」 形容詞 big の原級が as にはさまっています。
  smallest「いちばん小さい」 形容詞 small の最上級です。
- tiny「小っちゃな」
- big as a は音がつながって [ビッガザ] と発音されます。

⑥ **Some day I want to open a shop in a fashionable part of Tokyo like Jiyugaoka or Daikanyama, and sell them.**
いつの日か、自由が丘や代官山みたいな東京のファッショナブルな地域に店を開いて、販売したいんです。

- want to ...「…したい」 不定詞の名詞的用法です。
- some day「いつの日にか」　open「開く」　part「部分;地域」
- want to の want から [t] の音がなくなることがあります。さらに短く [ウォナ] と発音する場合もあります。open a は [オウプナ] と音がつながります。part of は音がつながるときに [t] 音が跳ねるようになり [パーダ [ラ] ヴ] と発音されます。

⑦ **I hope I can start in about five years.**
5年以内にスタートできればいいなと思っています。

- I hope (that) ...「…を望んでいる;期待している」 that ... 以下は「…ということ」という意味の名詞節です。
  can ...「…できる」 可能を表す助動詞です。
- in about は音がつながると同時に [t] の音がなくなることがあります。その結果 [イナバウ＿] という発音になります。

Unit 31

Step 4 モノローグ・シャドーイング！

ナチュラル・スピードでモノローグ全体を一気にシャドーイングしよう！

① My dream is to have my own shop **and** sell the things I love. ② I collect **little** dolls and glass statues of animals. ③ I **mostly** have frogs, mice, squirrels and giraffes. ④ **Some of** them are from foreign countries, **such as** Belgium, Russia and Kenya. ⑤ The biggest ones are only about as **big as a** tennis ball. And the smallest ones are tiny! ⑥ Some day I **want to open a** shop in a fashionable **part of** Tokyo like Jiyugaoka or Daikanyama, and sell them. ⑦ I hope I can start **in about** five years.

① 私の夢は自分の店を持ってお気に入りの品物を売ることです。 ② 私は小さな人形やガラスの動物の像を集めているんです。 ③ おもに、カエルやネズミ、リスやキリンなどを持っています。 ④ ベルギーやロシア、ケニアなど海外のものもあります。 ⑤ 最も大きなものでもテニスボール程度の大きさで、小さなものはとても小っちゃいんですよ！ ⑥ いつの日か、自由が丘や代官山みたいな東京のファッショナブルな地域に店を開いて、販売したいんです。 ⑦ 5年以内にスタートできればいいなと思っています。

Step 5
もっとシャドーイング！

太字の部分の発音に注意して、関連表現を**ナチュラル・スピード**でシャドーイングしよう！

❶ I **want to** be a scuba instructor, because I always **want to** live near the ocean.
　いつでも海の近くに住んでいたいので、スキューバのインストラクターになりたいんです。
　＊ instructor「指導者」

❷ I have a dream to **travel** to more than fifty **countries** after I retire.
　退職後は、50以上の国を旅行する夢があるんです。
　＊ retire「引退する；退職する」

❸ I plan to start my own company about five years **later**.
　5年後くらいに自分の会社を始めることを計画しています。

❹ I will go overseas to get an MBA.
　MBAを取得するために海外に行きます。

❺ I love animals, so I **want to** buy some land and become a breeder.
　動物が大好きなので、土地を買ってブリーダーになりたいんです。
　＊ breeder「動物を育てる人；畜産家」

❻ When I retire, I **want to** write a novel. I already have the story in my head.
　引退したら、小説が書きたいんです。すでにストーリーは頭の中にあるんです。

❼ **Right now** I paint on the weekends, but my dream is to paint full time.
　いまは週末に絵を描いてますが、フルタイムで絵を描くのが夢です。
　＊ paint「絵の具で絵を描く」

❽ I **want to** make a **lot of** money and use it to **help people**.
　私はたくさんお金を稼いで、人助けに使いたいんです。

❾ I think in the future space travel **won't be** too expensive. I **want to** go!
　将来、宇宙旅行は高額ではなくなると思います。行ってみたいですね！

❿ I **want to** be a famous rock singer, and make people happy!
　有名なロック歌手になりたいです。みんなをハッピーにしたいんです！

Unit 32 家について話す

Step 1-3
センテンス・シャドーイング！

Step 1 ☞ 各センテンスを理解しよう！ 文法や語いを確認しよう！ (CD 2-25)
Step 2 ☞ **スロー・スピード**で各センテンスをシャドーイングしよう！ (CD 2-25)
Step 3 ☞ **ナチュラル・スピード**で各センテンスをシャドーイングしよう！ (CD 2-26)

① My husband **and I** live on the 27th floor of a 45-story condominium.

夫と私は45階建てのマンションの27階に住んでいます。

- husband「夫」 floor「階」 -story「…階建ての」 condominium「分譲マンション」
- and I から [d] の音がなくなってつながり [アナイ] と発音されます。

② **It is** on the Sumida River. We have a **beautiful** night view of Tokyo.

マンションは隅田川沿いで、東京のきれいな夜景が見えます。

- on ...「…に面して」 view「眺め」
- It is の [t] の音が跳ねながらつながり [イッディ [リ] ズ] という発音になります。短縮形の It's [イッツ] の発音になることもあります。beautiful は [t] の音が跳ねて [ビューディ [リ] フル] と発音します。

③ Every year we have a small **party** for the Sumidagawa fireworks display.

毎年、隅田川の花火大会のために小さなパーティーを開いています。

- fireworks display「花火大会」
- party は [t] の音が跳ねて [パーディ [リ] ー] と発音されます。

④ But sometimes I **don't like** living so high.

でも、ときどきこんなに高いところに住んでいるのがいやになります。

- But ...「しかし…」 前の文と逆接の関係であることを表す接続詞です。
- live so high「とても高いところで暮らす」
- don't like からは [t] の音がなくなることがあります。

⑤ **Our home shakes a lot during earthquakes. It's scary!**
地震のときは家が強く揺れるのです。ものすごく恐いんですよ！

- shake「揺れる」　during ...「(期間が)…の間」　earthquake「地震」　scary「恐ろしい」

⑥ **Plus, simple things like going to the convenience store are more troublesome when you need to ride an elevator.**
それに、エレベーターに乗る必要があるので、コンビニに行くといったシンプルなことも、ふつうより面倒です。

- Plus, ...「さらに…；しかも…；その上…」　追加を表す接続詞です。
  things like going to ...「…に行くといったこと」　going は「行くこと」という意味の動名詞。
  when ...「…のとき」　時間や場合を表す接続詞です。
- simple「かんたんな」　convenience store「コンビニ」　troublesome「やっかいな」　ride「乗る」
- going to や need to からは [g] や [d] の音がなくなることがあります。

⑦ **So living here has its ups and downs!**
なので、ここでの暮らしには、いい面といやな面とがあるのです！

- living here「ここに暮らすこと」　この -ing は動名詞で「…すること」という意味を表します。
- ups and downs「浮き沈み；いい面と悪い面」
- ups and downs は [d] の音がなくなってつながり、[アップサン＿ダウンズ] と発音されます。

Step 4 モノローグ・シャドーイング！

ナチュラル・スピードでモノローグ全体を一気にシャドーイングしよう！

① My husband **and I** live on the 27th floor of a 45-story condominium. ② **It is** on the Sumida River. We have a **beautiful** night view of Tokyo. ③ Every year we have a small **party** for the Sumidagawa fireworks display. ④ But sometimes I **don't like** living so high. ⑤ Our home shakes a lot during earthquakes. It's scary! ⑥ Plus, simple things like **going to** the convenience store are more troublesome when you **need to** ride an elevator. ⑦ So living here has its **ups and downs**!

① 夫と私は45階建てのマンションの27階に住んでいます。 ② マンションは隅田川沿いで、東京のきれいな夜景が見えます。 ③ 毎年、隅田川の花火大会のために小さなパーティーを開いています。 ④ でも、ときどきこんなに高いところに住んでいるのがいやになります。 ⑤ 地震のときは家が強く揺れるのです。ものすごく恐いんですよ！ ⑥ それに、エレベーターに乗る必要があるので、コンビニに行くといったシンプルなことも、ふつうより面倒です。 ⑦ なので、ここでの暮らしには、いい面といやな面とがあるのです！

Step 5 もっとシャドーイング！

太字の部分の発音に注意して、関連表現を**ナチュラル・スピード**でシャドーイングしよう！

❶ I like my home, **but I** need more closet space.
家が気に入ってますが、もっと収納スペースが欲しいです。
* closet space「収納スペース」

❷ My home is **twenty** minutes from the nearest station. Too far!
うちはいちばん近い駅から 20 分かかります。ものすごく遠いんです！

❸ I love living near the station because everything I **need is** close by.
必要なものすべてが近くにあるので、駅の側に住むのが好きです。

❹ I live **in a** very old house. We are saving up money to renovate it.
とても古い家に住んでいます。リフォームのために貯金をしているんです。
* renovate「リフォームする」

❺ We **decided to** buy a condominium **instead of** a house.
家の代わりにマンションを買うことに決めました。
* condominium「分譲マンション」

❻ I love the high ceilings of my house! It feels very spacious.
家の天井が高いところが気に入ってます！広々した感じがするんですよ。
* ceiling「天井」

❼ **Recently**, we added a loft to our home to store things like **extra** clothes.
最近、余分な服などを保管するために、家にロフトを増設しました。
* add「加える；付加する」

❽ I **want a** western style bath in my home. I **want to** be able to stretch out.
うちに洋式のお風呂が欲しいんです。カラダを伸ばしたいんですよ。
* stretch out「手足・カラダなどを伸ばす」

❾ The thing I like best about my house is **it gets** lots of sunshine!
家でいちばんのお気に入りは、日差しがたくさん入ることです！

❿ Our family has grown, so we are house hunting now.
子どもたちが大人になったので、いま家を探しています。
* family「家族；子どもたち」　grow「成長する」

家について話す

Unit 33 庭・園芸について話す

Step 1-3 センテンス・シャドーイング！

Step 1 ☞ 各センテンスを理解しよう！ 文法や語いを確認しよう！
Step 2 ☞ **スロー・スピード**で各センテンスをシャドーイングしよう！
Step 3 ☞ **ナチュラル・スピード**で各センテンスをシャドーイングしよう！

① My home only has a tiny **bit of** space for growing things.

わが家にはものを育てるスペースがほんのわずかしかありません。

- for growing ...「…を育てるための」 -ing は動名詞です。
- a tiny bit of ...「わずかな…」　grow things「ものを育てる」
- bit of は音をつなげて跳ねるように [ビッド [ロ] ヴ] と発音します。

② So I have a small garden for herbs, roses and lilacs.

なので、ハーブとバラとライラックの小さな庭を造っています。

- So ...「なので…」 前の文を受けて順接でつなぎます。
- herb「ハーブ」　lilac「ライラック」

③ **But I** also rent a plot of land from my ward, Toshima-ku.

しかし、私の住んでいる豊島区からも小さな土地をひと区画借りているんです。

- But ...「しかし…」 前の文を受けて、逆接でつなぎます。
- rent「借りる」　a plot of ...「ひと区画の…」　ward「区」
- But I は音をつなげて跳ねるように [バッダ [ラ] イ] と発音します。

④ It's **about ten** minutes from my home on foot.

そこは家から徒歩で約10分ほどの距離にあります。

- on foot「徒歩で」
- about ten の about から [t] の音がなくなることがあります。

⑤ I grow **tomatoes**, cucumbers and eggplants there.

そこではトマトとキュウリ、それにナスを育てているんです。

- A, B and C「A、BとC」 3つのものを並列して述べています。
- cucumber「キュウリ」　eggplant「ナス」
- tomatoes の [t] の音が跳ねて [トメイド [ロ] ウズ] という発音になります。

⑥ So in the summer I can make salads with fresh herbs **and my** own vegetables. **It is** very **satisfying**!
だから、夏には新鮮なハーブと自分の野菜とでサラダを作ることができます。とても満足感があるんです！

- can make「作れる」 can は可能の助動詞です。
- vegetable「野菜」 satisfying「満足のいく；満足させる」
- and my から [d] の音がなくなることがあります。It is はつながって跳ね [イッディ [リ] ズ] と発音します。satisfying の [t] の音も跳ねるような発音になり [サディ [リ] スファイイング] と変化します。

⑦ Plus, **gardening** calms and relaxes me.
それに、ガーデニングは心を落ち着けてリラックスさせてもくれるんです。

- Plus, ...「その上…；さらに…」 前の文を受け、情報を付加します。
- calm「（人の）心を静かにさせる」 relax「（人の）心を落ち着ける」
- gardening の最後の [g] 音がなくなることがあります。

Unit 33

Step 4 モノローグ・シャドーイング！

ナチュラル・スピードでモノローグ全体を一気にシャドーイングしよう！

① My home only has a tiny **bit of** space for growing things. ② So I have a small garden for herbs, roses and lilacs. ③ **But I** also rent a plot of land from my ward, Toshima-ku. ④ It's **about ten** minutes from my home on foot. ⑤ I grow **tomatoes**, cucumbers and eggplants there. ⑥ So in the summer I can make salads with fresh herbs **and my** own vegetables. **It is** very **satisfying**! ⑦ Plus, **gardening** calms and relaxes me.

① わが家にはものを育てるスペースがほんのわずかしかありません。 ② なので、ハーブとバラとライラックの小さな庭を造っています。 ③ しかし、私の住んでいる豊島区からも小さな土地をひと区画借りているんです。 ④ そこは家から徒歩で約10分ほどの距離にあります。 ⑤ そこではトマトとキュウリ、それにナスを育てているんです。 ⑥ だから、夏には新鮮なハーブと自分の野菜とでサラダを作ることができます。とても満足感があるんです！ ⑦ それに、ガーデニングは心を落ち着けてリラックスさせてもくれるんです。

Step 5
もっとシャドーイング！

太字の部分の発音に注意して、関連表現を**ナチュラル・スピード**でシャドーイングしよう！ CD 2-32

❶ I love gardening! It gives me a **lot of satisfaction**.
　私は庭仕事が大好きです！ とても満足感があるんです。
　＊ satisfaction「満足」

❷ **This year** we have had a **lot of** rain. So my vegetables are **doing good**.
　今年はたくさん雨が降りました。それでうちの野菜はうまく育っています。

❸ I have three flower beds on my terrace. Many people compliment me **on it**.
　テラスに3つ花壇があります。多くの人が花壇をほめてくれるんですよ。
　＊ compliment「ほめる」

❹ I **have a** very small Japanese style garden.
　うちには、とても小さな日本庭園があります。

❺ I gave up gardening. All my plants died!
　ガーデニングは諦めたんです。植物が全部枯れてしまって！
　＊ give up「諦める」

❻ I grow lots of herbs, **but the** problem is bugs love to **eat them**.
　たくさんハーブを育てていますが、問題は虫が好んでハーブを食べることなんです。
　＊ bug「虫」

❼ I have a small slide in my yard for my toddler.
　庭にうちのよちよちさん用の小さな滑り台があります。
　＊ slide「滑り台」　toddler「よちよち歩きの幼児」

❽ My wife **and I** have breakfast in our garden sometimes. Very pleasant!
　妻と私はときどき庭で朝食を取ります。とても気持ちがいいですよ！
　＊ pleasant「愉しい；心地よい」

❾ I don't have enough space for a garden. **But I** work on my parents' garden.
　うちの庭には十分なスペースがないのですが、両親の庭で作業しています。

❿ I have a small cherry tree in my garden. It is **beautiful when it** blossoms!
　庭に小さな桜の木があります。花の季節はきれいなんです！
　＊ blossoms「花が咲く」

Unit 34 読書について話す

Step 1-3 センテンス・シャドーイング！

- Step 1 ☞ 各センテンスを理解しよう！ 文法や語いを確認しよう！ 〔CD 2-33〕
- Step 2 ☞ **スロー・スピード**で各センテンスをシャドーイングしよう！ 〔CD 2-33〕
- Step 3 ☞ **ナチュラル・スピード**で各センテンスをシャドーイングしよう！ 〔CD 2-34〕

---

① I really like reading. I read fifty books **last year**. That's almost one per week!

私はとても読書が好きです。昨年は50冊読みました。ほとんど週に1冊のペースです！

- like -ing「…することが好きだ」 -ing は動名詞です。
- almost「ほとんど」 per week「1週間に」
- last year は音がつながるときに変化して [ラスチャー] のように発音されます。

② Basically, I read during my **train** commute, and for **about an hour** before **going to** sleep.

基本的に、電車での通勤中と眠る前の約1時間で読書します。

- before -ing「…する前に」 -ing は動名詞で「…すること」という意味です。
- basically「基本的に」 during「（期間）の間に」 commute「通勤・通学」
- train は [トゥレイン] ではなく [チュレイン] と発音しましょう。about an hour の3語がつながるときに [t] の音が跳ねるようになり [アバウダ [ラ] ナワー] のような発音になります。going to からは [g] の音がなくなります。

③ Reading relaxes me. Plus, it leads me to another world.

読書するとリラックスでき、私を別の世界に連れていってくれます。

- Reading「読むこと」 これも動名詞です。
- relax「リラックスさせる」 lead「導く」 another world「別の世界」

④ Each book I **read is** like **traveling** to a new **city** or country.

私が読む本のそれぞれは、新しい街や国への旅行のようです。

- each …「各々の…」 単数扱いになるので後ろの be 動詞が is になっています。
  like -ing「…するような」 -ing は動名詞です。
- travel「旅行する」
- read is は音がつながり [リィーディズ] のように発音します。traveling は [チュラヴェリング]、city は [シディ [リ] ー] のように発音しましょう。

⑤ I have new experiences **that I** have never **had before**.

これまでにしなかった新しい経験ができます。

- experiences that ... 「…な体験」 that ... 以下は関係代名詞節で、直前の experiences を説明しています。
- have never had before「以前したことがない」
- that I は音がつながるときに跳ねるようになり［ザッダ［ラ］イ］という発音になります。had before からは［ d ］の音が消えてしまいます。

⑥ Right now, I am reading two **different books**.

いまは、ふたつの異なる本を読んでいます。

- am reading「読んでいる」 現在進行形です。
- different「異なる」
- different books からは［ t ］の音がなくなることがあります。

⑦ One is a mystery, and one is a historical novel. So **interesting**!

ひとつはミステリーで、もうひとつは歴史小説です。とてもおもしろいんですよ！

- One is ..., and one is ... 「片方は…、もう一方は…です」 ふたつのものを対比しています。One is ..., and the other is ... という表現でも同じです。
- historical novel「歴史小説」
- interesting は［インチャレスティング］のように発音します。

Unit 34

Step 4 モノローグ・シャドーイング！

ナチュラル・スピードでモノローグ全体を一気にシャドーイングしよう！

① I really like reading. I read fifty books **last year**. That's almost one per week! ② Basically, I read during my **train** commute, and for **about an hour** before **going to** sleep. ③ Reading relaxes me. Plus, it leads me to another world. ④ Each book I **read is** like **traveling** to a new **city** or country. ⑤ I have new experiences **that I** have never **had before**. ⑥ Right now, I am reading two **different books**. ⑦ One is a mystery, and one is a historical novel. So **interesting**!

① 私はとても読書が好きです。昨年は50冊読みました。ほとんど週に1冊のペースです！ ② 基本的に、電車での通勤中と眠る前の約1時間で読書します。 ③ 読書するとリラックスでき、私を別の世界に連れていってくれます。 ④ 私が読む本のそれぞれは、新しい街や国への旅行のようです。 ⑤ これまでにしなかった新しい経験ができます。 ⑥ いまは、ふたつの異なる本を読んでいます。 ⑦ ひとつはミステリーで、もうひとつは歴史小説です。とてもおもしろいんですよ！

Step 5
もっとシャドーイング！

太字の部分の発音に注意して、関連表現を**ナチュラル・スピード**でシャドーイングしよう！

❶ I rarely read fiction. I usually read nonfiction books **such as** biographies.
　滅多にフィクションは読みません。たいていは伝記のようなノンフィクションを読んでいます。
　＊ biography「伝記」

❷ I subscribe to three business magazines.
　3つのビジネス誌を購読しています。
　＊ subscribe to ...「…を定期購読する」

❸ **As a** college student, I was an avid reader.
　大学生のときは熱心な読書家でした。
　＊ avid「熱心な」

❹ I spend five or six hours each weekend reading.
　毎週末 5、6 時間は読書をして過ごします。
　＊ spend ... reading「…を読書に費やす」

❺ I'm reading a very suspenseful mystery novel now!
　いま、サスペンスいっぱいのミステリーを読んでいます！

❻ This book is so **interesting** I can't **put it down**!
　この本は、とてもおもしろいので止まりません！
　＊ put down「下に置く；やめる」

❼ This book is a bestseller, **but I** don't understand why it's so popular.
　この本はベストセラーですが、なぜそんなに人気があるのかわかりません。

❽ The book I'm reading now is **pretty** boring. I don't think I will **finish it**.
　いま読んでいる本はかなり退屈です。読み終えないと思います。

❾ I read a horror story, so I am **afraid to** go to sleep!
　ホラーを読んだので、寝るのが恐いんです！

❿ I'm very busy with my job, so I **don't** have time to read.
　仕事が忙しくて、読書する時間はありません。

読書について話す　》》》　147

Unit 35 ショッピングについて話す

Step 1-3 センテンス・シャドーイング！

Step 1 ☞ 各センテンスを理解しよう！ 文法や語いを確認しよう！
Step 2 ☞ **スロー・スピード**で各センテンスをシャドーイングしよう！
Step 3 ☞ **ナチュラル・スピード**で各センテンスをシャドーイングしよう！

① I think **that** Japan is great if you are a girl who loves to shop.

買い物が好きな女の子なら、日本はすばらしいところだと思います。

- I think that ...「…と思う」 that ... 以下は「…ということ」という意味の名詞節です。
  if ...「もし…ならば」 仮定や場合を表します。
  a girl who ...「…である女の子」 who は関係代名詞の主格。who ... 以下が a girl を説明しています。
- shop「買い物する」
- that の最後の [t] の音がなくなることがあります。

② First, in Tokyo you can buy anything you want.

まず、東京では欲しいものがなんでも買えます。

- can buy「買える」 can は可能を表す助動詞です。
  anything (that) you want「欲しいものならなんでも」 that ... 以下は関係代名詞節。that は目的格の関係代名詞です。
- first「まず；最初に」

③ My **favorite** places to shop are the 109 Building in Shibuya and Isetan in Shinjuku.

買い物するときの好きな場所は渋谷の109ビルと新宿の伊勢丹です。

- to shop「買い物するための」 不定詞の形容詞的用法です。
- favorite「好みの；お気に入りの」
- favorite は [フェイヴァリット] ではなく [フェイヴリット] と発音されることがあります。

④ **But** Tokyo is also close to Seoul, Taipei **and Hong Kong**.

でも、東京はソウルや台北や香港にも近いのです。

- close to ...「…に近い」
- But の [t] の音がなくなることがあります。and Hong Kong からは、and の [d] や Hong Kong の [g] の音がなくなることがあります。

⑤ Those are great **cities** for shopping too!
それらの都市もショッピングするにはすばらしい場所なんです。

- Those are ...「それらは…です」 That is ... の複数表現で、後ろには複数形の名詞がきます。
- shopping「買い物」
- cities の [t] の音を跳ねさせるように [シディ [リ] ーズ] と発音しましょう。

⑥ You can find some real bargains **in all** three of them.
この3つの街のどこでも、ほんとうにお買い得な品物を見つけられます。

- find「見つける」　real「ほんとうの」　bargains「お買い得品」
  all three of them「それら3都市のすべて」
- in all は音がつながり [イノール] と発音されます。最後の [l] 音が弱まったり聞こえない場合もあります。

⑦ The only problem with **living in** Tokyo is that apartments are so small.
東京に暮らすことの唯一の問題点はアパートがとても狭いことです。

- with living in ...「…に住むことについての」 living は動名詞です。
  that ...「…ということ」 名詞節を作ります。
- problem「問題」　small「狭い；小さい」
- living in からは [g] の音がなくなりつながるため [リヴィニン] という発音になります。[g] の音がなくならない場合は [リヴィンギン] と発音されます。

⑧ So I never have enough space to hang all my great clothes!
私の持っているすばらしい洋服を全部ぶらつり下げるのに十分なスペースは決して持てません！

- So ...「だから…」 前の文を受けて順接につなぎます。
  space to hang「ぶら下げる場所」 to ... は不定詞の形容詞的用法で、直前の space を説明しています。
- never「決して…ない」　enough「十分な」　space「スペース」

Step 4 モノローグ・シャドーイング！

ナチュラル・スピードでモノローグ全体を一気にシャドーイングしよう！

① I think **that** Japan is great if you are a girl who loves to shop. ② First, in Tokyo you can buy anything you want. ③ My **favorite** places to shop are the 109 Building in Shibuya and Isetan in Shinjuku. ④ **But** Tokyo is also close to Seoul, Taipei **and Hong Kong**. ⑤ Those are great **cities** for shopping too! ⑥ You can find some real bargains **in all** three of them. ⑦ The only problem with **living in** Tokyo is that apartments are so small. ⑧ So I never have enough space to hang all my great clothes!

① 買い物が好きな女の子なら、日本はすばらしいところだと思います。 ② まず、東京では欲しいものがなんでも買えます。 ③ 買い物するときの好きな場所は渋谷の109ビルと新宿の伊勢丹です。 ④ でも、東京はソウルや台北や香港にも近いのです。 ⑤ それらの都市もショッピングするにはすばらしい場所なんです。 ⑥ この3つの街のどこでも、ほんとうにお買い得な品物を見つけられます。 ⑦ 東京に暮らすことの唯一の問題点はアパートがとても狭いことです。 ⑧ 私の持っているすばらしい洋服を全部ぶらつり下げるのに十分なスペースは決して持てません！

Step 5 もっとシャドーイング！

太字の部分の発音に注意して、関連表現を**ナチュラル・スピード**でシャドーイングしよう！

❶ I love to **go to** new **cities** and **check out** the shops!
新しい街に行って店を見て回るのが大好きなんです！
＊ check out「チェックする；調べる」

❷ I spent all **Saturday** shopping. I found some cute outfits!
土曜日は一日買い物に費やしました。いくつかかわいい服を見つけました！
＊ outfit「服；衣装（一式）」

❸ I am a **comparative** shopper. I always try to find the **best deals**.
私は比べて買い物をします。いつでも最もいい値段を探しています。
＊ comparative「比較に基づく」 deal「取引；お買い得」

❹ These days, I do a **lot of** shopping online.
このところ、たくさんネットショッピングしています。
＊ shop online「オンラインで買い物する」

❺ I like shopping in department stores, **but I don't** like the crowds.
デパートで買い物するのが好きなんですが、人混みは嫌いなんです。
＊ crowds「人混み；群衆」

❻ I like window shopping. **But I'm** poor so I **don't** buy anything!
ウィンドーショッピングが好きです。でもお金がないのでなにも買いません！
＊ poor「貧乏な」

❼ I really enjoy shopping for clothes **and** makeup.
洋服と化粧品の買い物が大好きです。
＊ makeup「化粧品」

❽ I love to go shopping with my friends. We **pick out** clothes together.
友達と買い物に行くのが好きです。いっしょに服を選びます。

❾ Whenever I go shopping, I always buy something for my boyfriend.
買い物に行くといつでも彼氏のためになにか買うんです。

❿ I love to **try** the samples on the food floor **at department** stores.
デパートの食品フロアで試食品を試すのが大好きです。

Unit 36 ファッションについて話す

Step 1-3
センテンス・シャドーイング！

Step 1 ☞ 各センテンスを理解しよう！ 文法や語いを確認しよう！
Step 2 ☞ **スロー・スピード**で各センテンスをシャドーイングしよう！
Step 3 ☞ **ナチュラル・スピード**で各センテンスをシャドーイングしよう！

① This season, **it seems** like every lady in Tokyo between twenty and **forty** is wearing skinny jeans!

このシーズンは、東京にいる20代から40代のどの女性もスキニージーンズをはいているみたい！

- it seems like ...「…のように見える；思える」 It seems that ... と同じ意味で使われています。
  is wearing「着ている」 現在進行形です。
- between A and B「AとBの間」 skinny jeans「超細身のジーンズ」
- it seems の [t] の音がなくなることがあります。forty は [t] の音を跳ねるようにして、[フォーディ [リ] ー] と発音します。

② I **want to** wear them too, **but I'm** hesitant.

私もはきたいけど、躊躇しているんです。

- want to ...「…したい」 不定詞の名詞的用法です。
- hesitant「躊躇して；ためらって」
- want to の want から [t] の音がなくなることがあります。さらに短く [ウォナ] と発音することもあります。but I'm は [t] の音を跳ねながらつなげて [バッダ [ラ] イム] と発音しましょう。

③ You see, I'm a **little** overweight.

わかるでしょ、ちょっとオーバーウェイトなんですよ。

- You see, ...「おわかりでしょ…」 前置きのフレーズです。
- a little「ちょっと」 overweight「体重オーバーの」
- little では [t] の音が跳ね [リドゥ [ル] ル] と発音されます。

④ **Just** slightly, **but** skinny jeans show everything!

ほんのちょっとだけど、スキニージーンズをはくと全部見えちゃうでしょ！

- slightly「わずかに」 show「見せる」 everything「すべて」
- Just や but の最後の [t] の音がなくなることがあります。

⑤ On the other hand, women walking down the **street** in them look so fashionable.
一方で、スキニージーンズをはいて街を歩いている女性はとてもファッショナブルに見えます。

- walking down ...「…を歩いている」 現在分詞で、直前の women を説明しています。
  in them「それらをはいて」 in ... はここではジーンズを身につけていることを表します。
  A look B「AはBに見える」 SVCの構文です。
- on the other hand「一方で」 fashionable「ファッショナブルな」
- street は [ストゥリート] ではなく [スチュリート] のような発音になります。

⑥ So, I think I'll buy a pair, but wear them with a long shirt or **sweater** to hide my tummy and **bottom**.
だからひとつ買おうと思ってるんですが、おなかやお尻を隠すために長いシャツやセーターといっしょに着ようと思うんです。

- I think (that) I'll ...「…しようと思っています」 that ... 以下は名詞節です。
  to hide ...「…を隠すために」 不定詞の副詞的用法です。
- a pair「一揃え (ここでは1本のジーンズのこと)」 sweater「セーター」 tummy「おなか」
  bottom「お尻」
- sweater も bottom も [t] の音を跳ねさせて、[スウェダ [ラ] ー] [バダ [ラ] ム] と発音しましょう。

⑦ Okay, I've **made up** my mind!
よし、私の心は決まりましたよ！

- I've made up my mind!「決めました！」 have made は完了形。完了用法でちょうどいま決めたところであることを表しています。
- Okay, ...「よし…」
- made up は音をつないで [メイダップ] と発音します。

ファッションについて話す >>> 153

Unit 36

Step 4 モノローグ・シャドーイング！

ナチュラル・スピードでモノローグ全体を一気にシャドーイングしよう！

① This season, **it seems** like every lady in Tokyo between twenty and **forty** is wearing skinny jeans! ② I **want to** wear them too, **but I'm** hesitant. ③ You see, I'm a **little** overweight. ④ **Just** slightly, **but** skinny jeans show everything! ⑤ On the other hand, women walking down the **street** in them look so fashionable. ⑥ So, I think I'll buy a pair, but wear them with a long shirt or **sweater** to hide my tummy and **bottom**. ⑦ Okay, I've **made up** my mind!

① このシーズンは、東京にいる20代から40代のどの女性もスキニージーンズをはいているみたい！ ② 私もはきたいけど、躊躇しているんです。③ わかるでしょ、ちょっとオーバーウェイトなんですよ。 ④ ほんのちょっとだけど、スキニージーンズをはくと全部見えちゃうでしょ！ ⑤ 一方で、スキニージーンズをはいて街を歩いている女性はとてもファッショナブルに見えます。 ⑥ だからひとつ買おうと思ってるんですが、おなかやお尻を隠すために長いシャツやセーターといっしょに着ようと思うんです。 ⑦ よし、私の心は決まりましたよ！

Step 5 もっとシャドーイング！

太字の部分の発音に注意して、関連表現を**ナチュラル・スピード**でシャドーイングしよう！

❶ I **can't** keep up with all the new fashions.
新しいファッションにはついていけないんですよ。
＊ keep up with ...「…についていく」

❷ I subscribe to two fashion magazines. I like **getting** new ideas.
ふたつのファッション雑誌を購読してます。新しいヒントが手に入るのがいいんです。

❸ I think most girls in Tokyo follow fashion trends too closely.
東京のほとんどの女性は、ファッションのトレンドに敏感すぎると思います。
＊ closely「かなり密接に」

❹ I think it is **important** to have your own individual style.
自分独自のスタイルをもつことが重要だと思います。
＊ individual「個人の」

❺ I have a bad fashion sense. My boyfriend usually picks my clothes.
ファッションセンスが悪いんです。たいてい彼氏が服を選んでくれます。

❻ I **like to** show my legs, so I **need to** keep in shape!
足を見せたいので、きれいに保っていないとダメなんです！
＊ keep in shape「形を保つ」

❼ My best color is green. Almost all of my favorite dresses are green.
私のベストカラーは緑です。お気に入りの服は、ほぼ全部緑なんですよ。

❽ I have a closet full of clothes. I need more **opportunities** to wear them!
クローゼットいっぱいの服を持っています。着る機会がもっと必要なんですよ！
＊ a closet full of ...「クローゼットいっぱいの…」

❾ If you buy really nice clothes, you can save them for many years.
とてもいい服を買えば、何年も取っておくことができますよ。
＊ save「取っておく」

❿ I spend too much on shoes. Ladies need a **lot of** shoes!
靴にお金を使いすぎます。女性はたくさん靴がいるんですよ！

Unit 37 習い事について話す

Step 1-3 センテンス・シャドーイング！

Step 1 ☞ 各センテンスを理解しよう！ 文法や語いを確認しよう！
Step 2 ☞ **スロー・スピード**で各センテンスをシャドーイングしよう！
Step 3 ☞ **ナチュラル・スピード**で各センテンスをシャドーイングしよう！

① **Recently**, I have **started doing** tea ceremony again.

最近、またお茶をやり始めました。

- have started -ing「…することを始めた」 have ＋過去分詞は現在完了形、-ing は動名詞です。
- recently「最近」　tea ceremony「茶道」　again「再び」
- Recently の [t] の音がなくなることがあります。started doing からは、単語末尾の [d] や [g] の音がなくなります。また [t] は跳ねるような発音になるため、全体では [スターディ [リッ] __ドゥーイン__] のようになります。

② I **stopped doing** it after college, so it has been more than ten years.

大学を出てからはやめていましたので、もう 10 年以上になります。

- stopped doing「やることをやめた」 -ing は動名詞です。
  has been は現在完了形で、過去から現在までの時間の流れを示します。
- more than ...「…よりも多い」
- stopped doing からは、[d] の音がなくなります。

③ I finally have a **little** more time to focus on things other than work.

やっと仕事以外のことに集中する時間が少し余分にできたんです。

- little more「ちょっとより多くの」 more は much「多くの」の比較級です。
  to focus on ...「…に集中するための」 不定詞の形容詞的用法で、time を説明しています。
- other than ...「…以外の」
- little の [t] の音を跳ねるように [リドゥ [ル] ル] と発音しましょう。

④ I **had to** find a new teacher, because my former teacher retired.

前の先生は引退したので、新しい先生を探さなければなりませんでした。

- had to ... は have to ... の過去形で「…しなければならなかった」という意味です。
  because ...「…なので」 理由を表す節を作ります。
- former「前の」　retire「引退する」
- had to の [d] の音がなくなることがあります。

⑤ I think I won't quit this time. Because I'm older, so I can **appreciate it** more.
今回はやめないと思います。なぜなら年を重ねたので、お茶をもっと楽しめると思うのです。

- won't は will not の短縮形で「…しないだろう」という意味です。
  more は much「たくさん」の比較級です。
- appreciate「正しく価値を認める；鑑賞する」
- appreciate it は音がつながると同時に、-ate の [t] の音が跳ね、[アプリーシェイディ [リ] ット] という発音になります。

⑥ And it's a very **important** way for me to calm my mind and relieve my stress from work.
それに、私にとっては心を落ち着け、仕事のストレスを取るためのとても大事な方法なのです。

- to calm「静めるための」 不定詞の形容詞的用法です。
- important「重要な」　way「方法」　calm「静める」　mind「心；精神」
  relieve one's stress「…のストレスを発散する」
- important の [t] の音が跳ね [イムポーダ [ラ] ント] という発音になります。

⑦ I forgot almost everything, so I have to study a lot before I can take **part in an actual** ceremony.
ほとんどすべて忘れてしまっているので、本物のお茶会に出られるまでにたくさん勉強しなければならないと思います。

- have to ...「…しなければならない」 必要を表します。
  before ...「…の前に」 時間を表す節を作ります。
- forget「忘れる」 take part in ...「…に参加する」 actual「本物の」
  ceremony「式；会（ここではお茶会のこと）」
- part in an actual は、part の [t] の音が跳ねながらすべてがつながり [パーディナナクチュァル] のように発音されます。

習い事について話す　>>> 157

Step 4 モノローグ・シャドーイング！

ナチュラル・スピードでモノローグ全体を一気にシャドーイングしよう！

① **Recently**, I have **started doing** tea ceremony again. ② I **stopped doing** it after college, so it has been more than ten years. ③ I finally have a **little** more time to focus on things other than work. ④ I **had to** find a new teacher, because my former teacher retired. ⑤ I think I won't quit this time. Because I'm older, so I can **appreciate it** more. ⑥ And it's a very **important** way for me to calm my mind and relieve my stress from work. ⑦ I forgot almost everything, so I have to study a lot before I can take **part in an actual** ceremony.

① 最近、またお茶をやり始めました。 ② 大学を出てからはやめていましたので、もう10年以上になります。 ③ やっと仕事以外のことに集中する時間が少し余分にできたんです。 ④ 前の先生は引退したので、新しい先生を探さなければなりませんでした。 ⑤ 今回はやめないと思います。なぜなら年を重ねたので、お茶をもっと楽しめると思うのです。 ⑥ それに、私にとっては心を落ち着け、仕事のストレスを取るためのとても大事な方法なのです。 ⑦ ほとんどすべて忘れてしまっているので、本物のお茶会に出られるまでにたくさん勉強しなければならないと思います。

Step 5
もっとシャドーイング！

太字の部分の発音に注意して、関連表現を**ナチュラル・スピード**でシャドーイングしよう！ CD 2-48

---

❶ My **daughter** and I take tea ceremony classes together.
　娘と私はいっしょに茶道の教室に通っています。
　＊ tea ceremony「茶道」　class「授業」

❷ I have been studying tea ceremony for almost **twenty** years.
　私はほぼ20年茶道を習っています。

❸ Next week I will go to Kyoto to take **part in** a tea ceremony.
　来週お茶会に出るために京都に行きます。
　＊ take part in ...「…に参加する」

❹ I enjoy studying **traditional** Japanese art forms.
　私は日本の伝統芸能を学ぶのを楽しんでいます。
　＊ art form「確立された芸術形式」

❺ I am studying haiku using Japanese calligraphy.
　私は書道を用いた俳句を勉強しています。
　＊ Japanese calligraphy「書道」

❻ I am **learning to** play the koto. It's very difficult.
　琴の演奏を習っています。とても難しいです。

❼ I joined a **watercolor** course **at a** nearby culture center.
　近くのカルチャーセンターで水彩のコースに参加しました。
　＊ watercolor「水彩」

❽ I began studying sculpture **and I** really enjoy it.
　彫刻の勉強を始めましたが、とても楽しんでいます。
　＊ sculpture「彫刻」

❾ I am studying animation and **comic book** illustration.
　アニメと漫画のイラストを勉強しているところです。

❿ I am taking a class **about** website design. It's fun!
　ウェブサイト・デザインの授業を受けています。楽しいです！

Unit 38 生涯学習・資格について話す

Step 1-3 センテンス・シャドーイング！

Step 1 ☞ 各センテンスを理解しよう！ 文法や語いを確認しよう！
Step 2 ☞ **スロー・スピード**で各センテンスをシャドーイングしよう！
Step 3 ☞ **ナチュラル・スピード**で各センテンスをシャドーイングしよう！

①These days I am thinking of **getting** an MBA. I think **it will be** a **great benefit** to my career.

最近、経営学修士の資格を取ろうかと考えています。自分のキャリアに大きな利益になると思うのです。

- am thinking of ...「…について考えている」 現在進行形です。
  will be ...「…でしょう」 will は未来を表す助動詞です。
- MBA「経営学修士」 benefit「利益」 career「キャリア；職歴」
- getting の [t] の音が跳ねて [ゲッディ [リ] ング] と発音されます。it will be からは [t] や [l] の音がなくなり [イッ__ウィ__ビー] のように発音されます。短縮形の it'll be の発音で [イットゥルビー] となる場合もあります。great benefit からは、great の [t] の音がなくなる場合があります。

②Furthurmore, I think I **need a** new challenge in my life.

さらに、自分の人生における新しいチャレンジが必要な気もしています。

- I think (that) ...「…と思う」 that ... 以下は名詞節で「…ということ」という意味のまとまりです。
- furthermore「さらに」 challenge「チャレンジ」 life「人生」
- need a は音がつながり [ニーダ] という発音になります。

③I think education **should be** a lifelong thing.

教育とは人生を通して行うものだと思います。

- should be ...「…であるべきだ」 should は義務や当然を表します。
- education「教育」 lifelong「生涯続く；終世の」 thing「物事」
- should be の [d] の音がなくなることがあります。

④ I really enjoyed studying in university. I **want to** have that experience again.
大学での研究をとても楽しみましたが、あの体験をもう一度したいのです。

- enjoyed studying「研究することを楽しんだ」 -ing は動名詞で「…すること」という意味です。
- university「大学」　experience「経験；体験」
- want to の want から [t] の音がなくなることがあります。さらに短く [ウォナ] と発音する場合もあります。

⑤ Fortunately, **there are** several MBA programs here in Tokyo.
幸運にも、東京にはいくつかMBAのプログラムがあります。

- There are -s「…がある」 存在を表す構文です。後ろには複数形の名詞がきます。
- fortunately「幸運にも」　here in Tokyo「ここ東京には」
- there are は [ゼァラー] と音がつながることがあります。

⑥ But **it will be** so much **better** to study abroad.
しかし、海外で学ぶほうがずっといいことでしょう。

- it will be A to B「BすることはAだ」 不定詞が仮の主語 it の内容を表しています。
  much better「ずっとよい」 better は good「よい」の比較級です。
- study abroad「海外で学ぶ；留学する」
- it will be からは [t] や [l] の音がなくなり [イッ_ウィ_ビー] のように発音されます。短縮形の it'll be の発音で [イットゥルビー] あるいは [イッドゥ [ル] ルビー] となる場合もあります。better は [t] の音が跳ねて [ベダ [ラ] ー] と発音されます。

⑦ I love the atmosphere of living on campus!
私はキャンパス生活の雰囲気が大好きなんです！

- atmosphere「雰囲気」　living「暮らすこと；生活」　on campus「キャンパスで」

Unit 38

Step 4 モノローグ・シャドーイング！

ナチュラル・スピードでモノローグ全体を一気にシャドーイングしよう！

① These days I am thinking of **getting** an MBA. I think **it will be** a **great benefit** to my career. ② Furthurmore, I think I **need a** new challenge in my life. ③ I think education **should be** a lifelong thing. ④ I really enjoyed studying in university. **I want to** have that experience again. ⑤ Fortunately, **there are** several MBA programs here in Tokyo. ⑥ But **it will be** so much **better** to study abroad. ⑦ I love the atmosphere of living on campus!

① 最近、経営学修士の資格を取ろうかと考えています。自分のキャリアに大きな利益になると思うのです。 ② さらに、自分の人生における新しいチャレンジが必要な気もしています。 ③ 教育とは人生を通して行うものだと思います。 ④ 大学での研究をとても楽しみましたが、あの体験をもう一度したいのです。 ⑤ 幸運にも、東京にはいくつかMBAのプログラムがあります。 ⑥ しかし、海外で学ぶほうがずっといいことでしょう。 ⑦ 私はキャンパス生活の雰囲気が大好きなんです！

Step 5 もっとシャドーイング！

太字の部分の発音に注意して、関連表現を**ナチュラル・スピード**でシャドーイングしよう！ CD 2-52

❶ Engineering students **need a** masters degree to find good jobs.
工学部の学生がいい仕事を見つけるには修士号が必要です。
＊ masters degree「修士号」

❷ I **decided to** go back to school to get an MBA.
MBA を取得するために学校に戻る決心をしました。

❸ I was advised by my boss to **get a** CPA's license
公認会計士の資格を取るように上司にアドバイスされました。
＊ CPA「公認会計士」

❹ I **want to get a** Ph.D. If I do, I can become a professor.
博士号が欲しいのです。持っていれば教授になれますので。
＊ Ph.D.「博士号」

❺ I am studying for a license to be a chiropractor.
カイロプラクターになる免許を取るために勉強しています。

❻ I think I **need a** higher TOEIC score to move forward in my career.
出世するためには、もっと高い TOIEC スコアが必要だと思います。
＊ career「職歴；出世」

❼ Learning is a lifelong process. I always **want to** learn new things!
学びは終世続くプロセスです。いつでも新しいことを学びたいと思っています！
＊ lifelong「生涯続く；終世の」

❽ After I retire, I plan to go to art school.
定年退職したら美術学校に行く予定です。

❾ My children are grown up, so I **want to** start yoga practice.
子どもはみんな育ったので、ヨガの練習を始めたいと思っています。

生涯学習・資格について話す

Unit 39 テレビ番組について話す

Step 1-3 センテンス・シャドーイング！

- Step 1 ☞ 各センテンスを理解しよう！ 文法や語いを確認しよう！
- Step 2 ☞ **スロー・スピード**で各センテンスをシャドーイングしよう！
- Step 3 ☞ **ナチュラル・スピード**で各センテンスをシャドーイングしよう！

① These days, I **don't** watch so much television.
最近はあまりテレビを観ません。

- don't watch「観ない」 一般動詞のシンプルな否定文です。
- these days「最近」
- don't の [t] の音がなくなることがあります。

② I'm in front of a **computer** screen all day at work.
仕事では一日中コンピューターのモニターの前にいます。

- in front of ...「…の前に」　all day「一日中」　at work「仕事で」
- computer の [t] の音が跳ねるようになり [コンピューダ [ラ] ー] と発音します。

③ So **when I** get home I **want to** give my eyes a rest.
だから、家に帰ったら、目を休ませてやりたいのです。

- So ...「だから…」 前の文を受けて、順接につなぎます。
  give A B「AにBを与える」 VOO と目的語がふたつ並んでいます。
- get home「帰宅する」　rest「休息」
- when I は音がつながり [ウェナイ] と発音。want to の want から [t] の音がなくなることがあります。
  さらに短く [ウォナ] と発音することもあります。

④ But there are a few programs that I try **not to** miss.
でも、見逃さないようにしている番組もいくつかはあります。

- programs that ...「…な番組」 that ... 以下は関係代名詞節で、programs を説明しています。
  try not to ...「…しないように試みる」 try to ... の否定形です。
- program「番組」　miss「逃す」
- not to の not から [t] の音がなくなることがあります。

⑤ There is a great **mystery** series on Thursday nights **that I** really enjoy.
木曜の夜にはすばらしいミステリー・シリーズがあって、とても楽しんでいます。

- mystery series ... that I really enjoy「楽しんでいるミステリー・シリーズ」 that ... 以下は少し離れた mystery series を説明する関係代名詞節です。
- enjoy「楽しむ」
- mystery は [ミステュリー] のように発音します。that I は音がつながって跳ねるので [ザッダ [ラ] イ] と発音されます。

⑥ It's very suspenseful, and the plot is very **interesting**.
サスペンスに溢れていて、筋書きがとてもおもしろいのです。

- suspenseful「サスペンスに満ちた」　plot「筋書き；構想」
- interesting は [インチャレスティング] という発音になります。

⑦ The detective has a rare disease, and he **can only** live six more months.
探偵はめずらしい病気にかかっていて、あと6カ月しか生きられません。

- only ...「ただ…だけ」という意味の副詞です。
- rare「稀な」　disease「病気」　live「生きる」　six more months「余分のあと6カ月」
- can only は音をつなげて [キャノウンリー] と発音しましょう。

⑧ So he has to solve as many cases as possible in **that time**. Very intense!
なので、彼はその時間のうちに、できるだけ多くの事件を解決しなければならないのです。とても刺激的です！

- has to ...「…しなければならない」 義務や必要を表します。3人称単数以外の主語であれば have to ... を用います。
- solve「解決する」　as many ... as possible「できるだけ多くの…」
  intense「刺激的な；強烈な；集中した」
- that time の that から [t] の音がなくなることがあります。

Step 4 モノローグ・シャドーイング！

ナチュラル・スピードでモノローグ全体を一気にシャドーイングしよう！

① These days, I **don't** watch so much television. ② I'm in front of a **computer** screen all day at work. ③ So **when I** get home I **want to** give my eyes a rest. ④ But there are a few programs that I try **not to** miss. ⑤ There is a great **mystery** series on Thursday nights **that I** really enjoy. ⑥ It's very suspenseful, and the plot is very **interesting**. ⑦ The detective has a rare disease, and he **can only** live six more months. ⑧ So he has to solve as many cases as possible in **that time**. Very intense!

① 最近はあまりテレビを観ません。 ② 仕事では一日中コンピューターのモニターの前にいます。 ③ だから、家に帰ったら、目を休ませてやりたいのです。 ④ でも、見逃さないようにしている番組もいくつかはあります。 ⑤ 木曜の夜にはすばらしいミステリー・シリーズがあって、とても楽しんでいます。 ⑥ サスペンスに溢れていて、筋書きがとてもおもしろいのです。 ⑦ 探偵はめずらしい病気にかかっていて、あと6カ月しか生きられません。 ⑧ なので、彼はその時間のうちに、できるだけ多くの事件を解決しなければならないのです。とても刺激的です！

Step 5
もっとシャドーイング！

太字の部分の発音に注意して、関連表現を**ナチュラル・スピード**でシャドーイングしよう！

---

❶ I **don't** watch very much TV, because I think it's a waste of time.
　時間の無駄だと思うので、それほどテレビは観ないんです。
　* waste「無駄」

❷ I like **watching TV**. Whenever I watch, I learn something **interesting**.
　テレビを観るのが好きです。観ればいつもなにかおもしろいことを学べますし。

❸ Foreign people love Japanese TV commercials. Because they are very **creative**.
　外国人は日本のテレビ CM が大好きです。とても創造的ですからね。
　* creative「創造的な」

❹ I think I watch too much television. I **want to** read more.
　私はテレビを観すぎていると思います。もっと読書がしたいんです。

❺ As soon as I get home from work, I turn on the TV. It's **automatic**.
　会社から帰宅すると、すぐにテレビをつけます。自動的にやっちゃうんです。
　* automatic「自動的に」

❻ I am watching a great historical drama now. It's **fascinating**!
　すばらしい歴史ドラマを観ています。すごくおもしろいんです！
　* fascinating「魅了する」

❼ My favorite shows are comedy **and** music programs.
　私はお笑い番組や音楽番組が好きです。
　* comedy「お笑い」　program「番組」

❽ I only watch the news during the week. On weekends I watch some sports.
　平日はニュースしか観ません。週末には少しスポーツも観ます。

❾ **When I** was a college student, I **didn't** even have a TV.
　大学生のとき、テレビを持ってさえいませんでした。

❿ I love wide screen TVs! It's almost like watching a movie!
　大画面のテレビが大好きです！まるで映画を観ているみたいですから！

Unit 40 映画について話す

Step 1-3 センテンス・シャドーイング！

Step 1 ☞ **各センテンスを理解しよう！ 文法や語いを確認しよう！** CD 2-57

Step 2 ☞ **スロー・スピードで各センテンスをシャドーイングしよう！** CD 2-57

Step 3 ☞ **ナチュラル・スピードで各センテンスをシャドーイングしよう！** CD 2-58

① I saw a **great movie** last weekend. It's a love story about two scientists.

私は先週末すごい映画を観ました。ふたりの科学者のラブストーリーなんです。

- 📖 see「観る」　scientist「科学者」
- 👄 great movie から [t] の音がなくなることがあります。

② They become trapped **in a** cave while they are exploring it.

ふたりは洞窟を探検しているときに閉じ込められてしまいます。

- 🔍 They become trapped「彼らは閉じ込められる」　SVC の構文で S = C の関係が成立しています。
  while ...「…の間に」　時間を表す節を導きます。
- 📖 trapped「閉じ込められて」　cave「洞窟」　explore「探検する」
- 👄 in a は音がつながり [イナ] と発音されます。

③ At first, they are rivals, **but they** fall in love during the movie.

最初ふたりはライバル同士なのですが、映画を通して恋に落ちてゆきます。

- 🔍 ..., but ...「…だが…」　前半を受けて後半に逆接でつなぎます。
- 📖 at first「最初は」　rival「ライバル」　fall in love「恋に落ちる」
- 👄 but they は [t] の音がなくなって [バッ__ゼイ] と発音されます。

④ It stars my favorite **actress**, Naomi Watson. She is perfect in the role!

私の好きな女優のナオミ・ワトソンが主演で登場します。彼女はこの役にぴったりなんです。

- 🔍 actress, Naomi Watson「女優のナオミ・ワトソン」　カンマの前後で、同じ内容を別の表現で言い換えています。
- 📖 star「主演させる；役を務めさせる」　perfect「完璧な」　role「配役」
- 👄 actress は [アクチュレス] のように発音しましょう。

⑤ She is tough, and smart, **but also** very beautiful.
タフで頭がよいけれども、とても美しくもあるんですよね。

- tough「タフな；たくましい」　smart「頭のよい」
- but also では [t] の音が跳ねるようにつながり [バッド [ロ] ールソウ] と発音されます。

⑥ The hero is Nathan Thayne. I usually **don't** like his movies because they are **mostly** just action.
ヒーロー役はネイサン・セインです。彼の映画はほとんどただのアクションばかりなので、いつもは彼の映画が嫌いなんです。

- because ...「…なので」 理由を表す節を導きます。
- usually「たいていは」　mostly「ほとんど」　just「ただの」
- don't と mostly からは [t] の音がなくなることがあります。

⑦ But this movie had lots of romance as well.
でもこの映画にはロマンスの要素もたくさん入っていました。

- lots of ...「たくさんの…」　as well「同様に」

⑧ When **it comes out on** DVD, I'll **probably** buy it!
DVDで発売されたら、おそらく購入すると思います！

- When ...「…のときには」 時間を表す節を作ります。
- come out「発売になる」　on DVD「DVDで」　probably「おそらく」
- it comes out on では、it の [t] の音がなくなり、out の [t] が跳ねるような音になりながら全体がつながるため、[イッ__カムザウド [ロ] ン] という発音になります。probably の [b] の音は、なくなったり弱まることがあります。

Unit 40

Step 4 モノローグ・シャドーイング！

ナチュラル・スピードでモノローグ全体を一気にシャドーイングしよう！

① I saw a **great movie** last weekend. It's a love story about two scientists. ② They become trapped **in a** cave while they are exploring it. ③ At first, they are rivals, **but they** fall in love during the movie. ④ It stars my favorite **actress**, Naomi Watson. She is perfect in the role! ⑤ She is tough, and smart, **but also** very beautiful. ⑥ The hero is Nathan Thayne. I usually **don't** like his movies because they are **mostly** just action. ⑦ But this movie had lots of romance as well. ⑧ When **it comes out on** DVD, I'll **probably** buy it!

① 私は先週末すごい映画を観ました。ふたりの科学者のラブストーリーなんです。 ② ふたりは洞窟を探検しているときに閉じ込められてしまいます。 ③ 最初ふたりはライバル同士なのですが、映画を通して恋に落ちてゆきます。 ④ 私の好きな女優のナオミ・ワトソンが主演で登場します。彼女はこの役にぴったりなんです。 ⑤ タフで頭がよいけれども、とても美しくもあるんですよね。 ⑥ ヒーロー役はネイサン・セインです。彼の映画はほとんどただのアクションばかりなので、いつもは彼の映画が嫌いなんです。 ⑦ でもこの映画にはロマンスの要素もたくさん入っていました。 ⑧ DVDで発売されたら、おそらく購入すると思います！

Step 5
もっとシャドーイング！

太字の部分の発音に注意して、関連表現を**ナチュラル・スピード**でシャドーイングしよう！

❶ My favorite directors are Steven Boerger and James Spielburg.
　私の好きな監督はスティーヴン・バーガーとジェイムズ・スピルバーグです。
　* director「監督」

❷ I like every **kind of** movie except horror movies. I hate those!
　ホラー映画以外はどんな種類の映画も好きです。ホラーは大嫌いなんです！
　* except ...「…を除いて」　hate「大嫌いだ」

❸ I love romantic comedies. **Actually**, I love any kind of comedy.
　ロマンチック・コメディーが大好きです。実はコメディーならなんでも好きなんですけどね。

❹ I really love the old **black and** white movies.
　古いモノクロ映画が大好きなんです。

❺ I think Hollywood makes too many superhero movies.
　ハリウッドはスーパー・ヒーローものの映画を作りすぎていると思います。

❻ I like thrillers **and** suspense movies the best.
　スリラーとサスペンス映画がいちばんお気に入りです。

❼ I **can't** remember the last movie I saw. I rarely go to the cinema.
　最後に観た映画が思い出せません。映画館へは滅多に行かないんです。
　* rarely「滅多に…ない」

❽ Movies are too expensive in Japan. I **watch them** on DVD.
　日本の映画は高すぎます。映画は DVD で観るんです。
　* expensive「高価な」

❾ I love fantasy movies the best! "Lord **of the** Ring" is my all time favorite.
　ファンタジー映画がいちばんです！『ロード・オブ・ザ・リング』がいちばん好きです。
　* all time favorite「いちばん好きなもの」

❿ Japanese animation movies are my favorite genre.
　日本のアニメ映画が私のお気に入りのジャンルです。
　* genre「ジャンル；類型」

Unit 41 音楽・美術について話す

Step 1-3 センテンス・シャドーイング！

Step 1 ☞ 各センテンスを理解しよう！ 文法や語いを確認しよう！ CD 2-61

Step 2 ☞ **スロー・スピード**で各センテンスをシャドーイングしよう！ CD 2-61

Step 3 ☞ **ナチュラル・スピード**で各センテンスをシャドーイングしよう！ CD 2-62

---

① **Recently**, I'm into the Korean pop boom **called K-pop**.

最近、私はKポップブームにはまっています。

- called K-pop「Kポップと呼ばれる」 過去分詞句が直前の pop boom を説明しています。
- be into ...「…に夢中だ」
- Recently からは [t] の音が、また called K-pop からは [d] の音がなくなることがあります。

② My two **favorite groups** are called T-Charm and Missy Z.

私の好きなふたつのグループは、TチャームとミッシーZと呼ばれています。

- be called ...「…と呼ばれている」 be 動詞＋過去分詞の受動態は「…される；されている」という意味を表します。
- favorite「お気に入りの」
- favorite groups からは [t] の音がなくなることがあります。

③ Their music is really fun **and** easy to dance to.

彼女たちの音楽は楽しくて、曲に合わせて踊りやすいんです。

- easy to ...「…するのがかんたんな」 不定詞が直前の easy を説明しています。
- fun「楽しいこと」　dance to ...「…に合わせて踊る」
- and 最後の [d] の音がなくなることがあります。

④ T-Charm resembles Japanese pop music, and Missy Z sounds like American pop, **such as** Britney Spears.

Tチャームは日本のポップミュージックに似ていて、ミッシーZのほうはブリトニー・スピアーズのようなアメリカのポップスに似ています。

- resemble「似ている」　sound like ...「…に似ている；似て聞こえる」　such as ...「…といった」
- such as は音がつながり [サッチャズ] という発音になります。

⑤ Both groups are **part of** the same music company, so they often perform together.
どちらも同じ音楽会社に所属しているので、よくいっしょにパフォーマンスしています。

- part of ...「…の一部」　same「同じ」　perform「(歌や演奏などの) パフォーマンスをする」 together「いっしょに」
- part of の [t] を跳ねるようにして音をつなげ [パーダ] [ラ] ヴ] と発音しましょう。

⑥ **Last year** I saw them in Budokan.
去年は武道館に観にいきました。

- last year は [ラスチャー] のように発音しましょう。

⑦ Next month, I will travel to Seoul to see their concert. I am a huge fan!
来月、コンサートを観にソウルに行く予定です。大ファンなんです！

- to see ...「…を観るために」　不定詞が travel という動詞を詳しく説明しています。
- travel to ...「…に旅行する」　huge「巨大な」

Step 4 モノローグ・シャドーイング！

ナチュラル・スピードでモノローグ全体を一気にシャドーイングしよう！

① **Recently**, I'm into the Korean pop boom, **called K-pop**. ② My two **favorite groups** are called T-Charm and Missy Z. ③ Their music is really fun **and** easy to dance to. ④ T-Charm resembles Japanese pop music, and Missy Z sounds like American pop, **such as** Britney Spears. ⑤ Both groups are **part of** the same music company, so they often perform together. ⑥ **Last year** I saw them in Budokan. ⑦ Next month, I will travel to Seoul to see their concert. I am a huge fan!

① 最近、私はKポップブームにはまっています。 ② 私の好きなふたつのグループは、TチャームとミッシーZと呼ばれています。 ③ 彼女たちの音楽は楽しくて、曲に合わせて踊りやすいんです。 ④ Tチャームは日本のポップミュージックに似ていて、ミッシーZのほうはブリトニー・スピアーズのようなアメリカのポップスに似ています。 ⑤ どちらも同じ音楽会社に所属しているので、よくいっしょにパフォーマンスしています。 ⑥ 去年は武道館に観にいきました。 ⑦ 来月、コンサートを観にソウルに行く予定です。大ファンなんです！

Step 5
もっとシャドーイング！

太字の部分の発音に注意して、関連表現を**ナチュラル・スピード**でシャドーイングしよう！ 🎧 2-64

---

❶ I can't imagine my life **without** music!
音楽なしの人生なんて考えられません！
＊ imagine「想像する」

---

❷ I love British rock **and** pop music.
英国のロックやポップスが大好きです。

---

❸ I go **to** hear live jazz every once **in a** while.
たまにジャズライブを聴きに行きます。
＊ every once in a while「たまに；時折」

---

❹ I love classical music. **I am** especially fond of opera.
クラシック音楽が大好きです。特にオペラが好みです。
＊ be fond of ...「…が好きだ」

---

❺ I played **in a** rock band in high school. I played lead guitar.
高校のロックバンドで演奏していました。リードギターを弾いてました。

---

❻ I go **to** Ueno three or four times a year to visit the museums.
年に3、4回、上野の美術館に行きます。
＊ museum「美術館；博物館」

---

❼ I **traveled to** Italy. I saw many Renaissance masterpieces.
イタリアに旅行しました。多くのルネッサンスの名作を観ましたよ。
masterpiece「傑作」

---

❽ Like many Japanese, I like the French Impressionists.
多くの日本人と同様、フランス印象派が好きなんです。
＊ impressionists「印象派の画家たち」

---

❾ I like abstract art, **but I don't** really understand it.
抽象画が好きですが、よくは理解できないんです。
＊ abstract「抽象の」

---

❿ My friend is a painter. I will go **and see** his exhibition next week.
友人が画家なんです。来週彼の展覧会を観にいきます。

Unit 42 通勤について話す

Step 1-3
センテンス・シャドーイング！

Step 1 ☞ 各センテンスを理解しよう！ 文法や語いを確認しよう！
Step 2 ☞ スロー・スピードで各センテンスをシャドーイングしよう！
Step 3 ☞ ナチュラル・スピードで各センテンスをシャドーイングしよう！

① I **don't** really like my commute so much, because I have to change trains twice.

電車を二度乗り換えなければならないので、通勤があまり好きではありません。

- because ... 「…なので」 理由を表す節を作ります。
- not really like ... so much 「…がそれほど好きではない」　commute「通勤」
  change trains「電車を乗り換える」　twice「2回」
- don't の [t] の音がなくなることがあります。

② I live **on a** local line, so I **travel** one stop to **get on a** train that goes into the city.

ローカル線に住んでいるので、都心に向かう電車に乗るためにひと駅乗車する必要があるんです。

- to ... 「…するために」 不定詞の副詞的用法です。
  a train that ... 「…の電車」　that ... 以下は関係代名詞節で直前の train を説明しています。
- local line「地方のローカル線」　stop「駅」　get on「乗車する」
- on a はつながって [オナ] と発音します。travel は [チュラヴル] と発音。get on a はつながるときに [t] の音が跳ねて [ゲッド [ロ] ンナ] という発音になります。

③ Then I **get on a** really crowded train to Nakameguro Station. After that, it gets **better**.

それから、中目黒までひどく混雑した電車に乗ります。そのあとはよくなります。

- get better「もっとよくなる」　better は well「よく」の比較級です。
- crowded「混雑した」　after that「その後は」
- get on a はつながるときに [t] の音が跳ねて [ゲッド [ロ] ンナ] という発音になります。better の [t] の音も跳ねるので [ベダ [ラ] ー] と発音されます。

④ The train leaves from Nakameguro, so I **wait on** the platform until I can **get a** seat.

電車は中目黒から出発するので、座席に座れるまでホームで待っているんです。

- ..., so ... 「…だから…」 順接の接続詞です。
  until ... 「…するまで」 時間を表す接続詞です。
- leave「出発する」　seat「座席」
- wait on は跳ねながら音がつながり [ウェイド [ロ] ン] と発音します。get a も同様で [ゲッダ [ラ]] という発音になります。

⑤ It's usually the second **train**.

たいてい2番目の電車で座れます。

- usually「たいてい」　second「2番目の」
- train は [チュレイン] という発音になります。

⑥ I nap for almost a half hour until Akihabara.

秋葉原までほぼ30分うたた寝します。

- nap「うたた寝する」　a half hour「30分」

⑦ I just have to be careful **not to** sleep and miss my stop.

眠ってしまい自分の降りる駅を過ぎてしまわないように注意しないといけません。

- not to ... 「…しないように」 不定詞の副詞的用法です。
- be careful「注意する」　sleep「眠る」　miss「逃す」　stop「停車駅」
- not to の not から [t] の音がなくなることがあります。

Step 4 モノローグ・シャドーイング！

ナチュラル・スピードでモノローグ全体を一気にシャドーイングしよう！

① I **don't** really like my commute so much, because I have to change trains twice. ② I live **on a** local line, so I **travel** one stop to **get on a** train that goes into the city. ③ Then I **get on a** really crowded train to Nakameguro Station. After that, it gets **better**. ④ The train leaves from Nakameguro, so I **wait on** the platform until I can **get a** seat. ⑤ It's usually the second **train**. ⑥ I nap for almost a half hour until Akihabara. ⑦ I just have to be careful **not to** sleep and miss my stop.

① 電車を二度乗り換えなければならないので、通勤があまり好きではありません。 ② ローカル線に住んでいるので、都心に向かう電車に乗るためにひと駅乗車する必要があるんです。 ③ それから、中目黒までひどく混雑した電車に乗ります。そのあとはよくなります。 ④ 電車は中目黒から出発するので、座席に座れるまでホームで待っているんです。 ⑤ たいてい2番目の電車で座れます。 ⑥ 秋葉原までほぼ30分うたた寝します。 ⑦ 眠ってしまい自分の降りる駅を過ぎてしまわないように注意しないといけません。

Step 5
もっとシャドーイング！

太字の部分の発音に注意して、関連表現を**ナチュラル・スピード**でシャドーイングしよう！ CD 2-68

❶ Every morning, I dread my commute! The **train** is always packed!
　毎朝、通勤が恐いんです！ 電車がいつも満員なんですよ！
　＊ dread「恐れる」　packed「満員の；すし詰めの」

❷ My **commute to** campus is almost two hours. That's too long.
　キャンパスへの通学に、ほぼ2時間かかります。遠すぎです。

❸ I have to change trains three times to get from home to work.
　家から仕事場まで電車を3回乗り換えなければなりません。

❹ My company moved its office, so now my commute is twice as long as before!
　会社がオフィスを移転したので、通勤時間が前の2倍もかかるようになりました！
　＊ twice as long as ...「…の2倍の長さ」

❺ I'm very lucky. My commute is **thirty** minutes door to door!
　私はラッキーです。通勤がドア・ツー・ドアで30分なんです！

❻ I usually **get a** seat along the way, but sometimes I have to stand the whole time.
　ふだんは座っていけますが、ときにはずっと立っていなければならないこともあります。
　＊ along the way「途中」

❼ My plant is in the suburbs, so everybody drives to work.
　会社の工場は郊外にあるので、みんな車で仕事に来ます。

❽ I have to leave **pretty** early in order to avoid morning rush hour.
　朝のラッシュアワーを避けるために、とても早く出発しなければなりません。
　＊ in order to ...「…するために」

❾ My commute is long, **but at least** I can sit the whole time.
　通勤が長いのですが、少なくともずっと座っていられます。

❿ I study English on my way **to** work, and Korean on my way back.
　仕事行くときは英語を、帰りには韓国語を勉強しています。

Unit 43 過去の仕事について話す

Step 1-3 センテンス・シャドーイング！

- Step 1 ☞ 各センテンスを理解しよう！ 文法や語いを確認しよう！ 〈CD 2-69〉
- Step 2 ☞ **スロー・スピード**で各センテンスをシャドーイングしよう！ 〈CD 2-69〉
- Step 3 ☞ **ナチュラル・スピード**で各センテンスをシャドーイングしよう！ 〈CD 2-70〉

---

① My first job **out of** college was **at a** large clothing maker.

大学を出て最初の仕事は、大手のファッション・メーカーでの仕事でした。

- 💿 out of ...「…を出てからの」　clothing maker「洋服メーカー」
- 🔊 out of も at a も [t] の音を跳ねるようにしてつなげながら発音しましょう。[アウダ [ラ] ヴ] [アッダ [ラ]] という発音になります。

② **It was** one of Japan's biggest companies in that industry. I liked it a lot at first.

業界では日本有数の大手メーカーで、最初はとても気に入っていました。

- 💿 biggest「最も大きい」　big の最上級です。
- 📖 industry「業界；産業」　at first「最初は」
- 🔊 it was から [t] の音がなくなることがあります。

③ I love clothes, and I was able to learn a **lot about** business.

洋服が大好きで、ビジネスについてたくさん学ぶことができました。

- 💿 be able to ...「…できる」　可能を表す表現です。
- 📖 business「仕事；ビジネス；経営」
- 🔊 lot about はつながる部分で [t] の音が跳ね [ラッダ [ラ] バウ_] と発音されます。ここでは末尾の [t] の音も消えてしまいます。

④ Plus, I **got to** travel to Paris and Milano for fashion shows.

それに、ファッション・ショーのためにパリやミラノに出かける機会がありました。

- 📖 get to ...「…する機会がある」　fashion show「ファッション・ショー」
- 🔊 got to の got から [t] の音がなくなることがあります。

⑤ Of course, **that was** the best part!
もちろん、それが仕事の最高の部分でした！

- of course「もちろん」　best part「最良の部分」
- that was の [t] の音がなくなることがあります。

⑥ While I was there, I became more and more **interested** in marketing.
その会社にいる間に、だんだんマーケティングに興味が出てきました。

- While ...「…の間」 時間を表す節を作ります。
  become more and more ...「どんどん…になる；だんだん…になる」 比較級＋比較級で「だんだん…；どんどん…」という意味を表現できます。
- marketing「マーケティング」
- interested は [インチャレスティッド] という発音になります。

⑦ So after **eight years**, I **left that** job and joined a market research company.
それで、8年の後、その仕事を辞めてマーケット・リサーチ会社に入社したんです。

- So ...「なので…」 前の文を受けて、順接でつなぎます。
- leave「離れる；(仕事を) 辞める」　join「加わる；(会社に) 入る」　market research「市場調査」
- eight years はつながる部分で [t] の音が跳ね [エイディ [リ] アーズ] と発音します。eight の [t] 音がなくなるだけの場合もあります。left that からは [t] の音がなくなることがあります。

⑧ I've been here for three years.
この会社には3年在籍しています。

- have been「ずっといる」 現在完了形の継続用法で、過去から現在までの時間の流れを示します。
- here「ここに」

Step 4 モノローグ・シャドーイング！

ナチュラル・スピードでモノローグ全体を一気にシャドーイングしよう！

① My first job **out of** college was **at a** large clothing maker. ② **It was** one of Japan's biggest companies in that industry. I liked it a lot at first. ③ I love clothes, and I was able to learn a **lot about** business. ④ Plus, I **got to** travel to Paris and Milano for fashion shows. ⑤ Of course, **that was** the best part! ⑥ While I was there, I became more and more **interested** in marketing. ⑦ So after **eight years**, I **left that** job and joined a market research company. ⑧ I've been here for three years.

① 大学を出て最初の仕事は、大手ファッション・メーカーでの仕事でした。
② 業界では日本有数の大手メーカーで、最初はとても気に入っていました。
③ 洋服が大好きで、ビジネスについてたくさん学ぶことができました。 ④ それに、ファッション・ショーのためにパリやミラノに出かける機会がありました。
⑤ もちろん、それが仕事の最高の部分でした！ ⑥ その会社にいる間に、だんだんマーケティングに興味が出てきました。 ⑦ それで、8年の後、その仕事を辞めてマーケット・リサーチ会社に入社したんです。 ⑧ この会社には3年在籍しています。

Step 5 もっとシャドーイング！

太字の部分の発音に注意して、関連表現を**ナチュラル・スピード**でシャドーイングしよう！

❶ I quit my **first job** after I **got married**.
結婚して最初の仕事を辞めました。
* quit「辞める；退職する」

❷ My former job was okay, **but it wasn't** very **interesting**.
前の仕事はまあよかったのですが、あまりおもしろくなかったんです。
* former「前の」

❸ I left my former company because I **didn't want to** move to South Africa.
南アフリカには転勤したくなかったので、前の会社を辞めました。

❹ This is my third job. They have all been in the same **industry**.
これが3つめの仕事です。3つとも全部同じ業界の企業です。

❺ I miss everybody from my **last company**, except my boss!
前の会社の同僚が懐かしいんです。上司は除きますが！

❻ The pressure and hours of my **last job** were crazy!
前の仕事のプレッシャーと労働時間は信じられないものでした！
* crazy「狂気の沙汰の」

❼ I took three years off from working to raise my son.
息子の養育のため、3年間の休暇を取りました。
* raise「育てる」

❽ My **first company** wasn't a good match for me. So I left.
最初の会社は私に合いませんでした。だから辞めたのです。
* match「ぴったりのもの」

❾ I liked my former job, **but I wanted to** do something different.
以前の仕事が好きでしたが、なにか別のことがしたかったのです。

❿ I **got a lot of** valuable experience **at my** previous company.
前の会社では多くの貴重な経験をしました。
* valuable「貴重な」

Unit 44 自分の会社について話す

Step 1-3 センテンス・シャドーイング！

Step 1 ☞ 各センテンスを理解しよう！ 文法や語いを確認しよう！
Step 2 ☞ **スロー・スピード**で各センテンスをシャドーイングしよう！
Step 3 ☞ **ナチュラル・スピード**で各センテンスをシャドーイングしよう！

① The company I work for now is a major PR and **marketing consulting company**.

いま私が勤務している会社は大手の広告マーケティング・コンサルティング会社です。

- The company (that) I work for now「いま私が勤める会社」 that ... now の部分は関係代名詞節です。
- work for ...「…に勤めている」
- marketing consulting company からは [g] の音がなくなることがあります。

② The main office is in London. **About** one hundred people are stationed here, in Tokyo.

本社はロンドンにあり、約100名がここ東京に駐在しています。

- be stationed「駐在させられている」 受動態表現です。
- main office「本社」
- About の [t] の音がなくなることがあります。

③ **When I** joined this company, my **interest** was mostly in the fashion industry.

この会社に入った頃は、私の関心はおもにファッション業界にありました。

- When ...「…のとき」 時間を表す副詞節を作ります。
- mostly「ほとんど；概ね」 industry「業界；産業」
- When I はつながって [ウェナイ] と発音されます。interest は [インチャレスト] のように発音しましょう。

④ But this company's main clients are in the food and entertainment **industries**.

しかし、この会社の主要顧客は食品とエンターテインメント業界です。

- main「主要な」 client「顧客」
- industry は [インダスチュリー] のような発音になります。

⑤ So I **had to** gain more knowledge about those fields.
なので、私はこれらの分野の知識を身につけなければなりませんでした。

- had to ... 「…しなければならなかった」 義務を表す have to ... の過去形です。
- gain 「獲得する；身につける」　knowledge 「知識」　field 「分野」
- had to の [d] の音がなくなることがあります。

⑥ **It has been** very challenging, **but also** interesting.
とてもチャレンジングですが、同時に興味深くもありました。

- has been ... 「ずっと…だった」 完了形の継続用法です。
- challenging 「骨の折れる；やりがいのある」
- it has been の has は [アズ] と弱まります。[t] の音が跳ねながら3語がつながるので [イッダ [ラ] スビン] という発音になります。but also もつながる部分で [t] が跳ねるため [バッド [ロ] ールソウ] と発音されます。

⑦ And the **best part is**, I still **get to** travel to Europe a lot.
そして、最良の部分は、いまだにヨーロッパに行く機会がたくさんあることなんです。

- the best part is, ... = the best part is that ... 「いちばんいい面は…だ」
- get to ... 「…する機会がある」　a lot 「たくさん」
- best part の best と、get to の get から [t] の音がなくなることがあります。part is はつながる部分で跳ねるような発音になります。

自分の会社について話す

Unit 44

Step 4 モノローグ・シャドーイング！

ナチュラル・スピードでモノローグ全体を一気にシャドーイングしよう！

① The company I work for now is a major PR and **marketing consulting company**. ② The main office is in London. **About** one hundred people are stationed here, in Tokyo. ③ **When I** joined this company, my **interest** was mostly in the fashion industry. ④ But this company's main clients are in the food and entertainment **industries**. ⑤ So I **had to** gain more knowledge about those fields. ⑥ **It has been** very challenging, **but also** interesting. ⑦ And the **best part is**, I still **get to** travel to Europe a lot.

---

① いま私が勤務している会社は大手の広告マーケティング・コンサルティング会社です。 ② 本社はロンドンにあり、約100名がここ東京に駐在しています。 ③ この会社に入った頃は、私の関心はおもにファッション業界にありました。 ④ しかし、この会社の主要顧客は食品とエンターテインメント業界です。 ⑤ なので、私はこれらの分野の知識を身につけなければなりませんでした。 ⑥ とてもチャレンジングですが、同時に興味深くもありました。 ⑦ そして、最良の部分は、いまだにヨーロッパに行く機会がたくさんあることなんです。

Step 5 もっとシャドーイング！

太字の部分の発音に注意して、関連表現を**ナチュラル・スピード**でシャドーイングしよう！ 🎧 2-76

---

❶ I work for one of Japan's 'big three' **automakers**. It's a great job!
　日本の三大自動車メーカーのひとつに勤務しています。すばらしい仕事です！

❷ I **have been** working here for ten years.
　この会社で 10 年働いています。

❸ My company moves us around a lot. This is my third department.
　うちの会社は異動が多いんです。これで 3 つめの部署なんですよ。

❹ I have a **lot of** responsibilities **at** my new position.
　新しい役職では、多くの責任をもたされています。
　＊ responsibilities「責任」

❺ I work in my company's accounting section.
　会社の経理部で働いています。

❻ I'm a sales assistant. I'm still learning **on the** job.
　営業アシスタントをしています。まだ OJT で学んでいます。
　＊ on the job「仕事をしながら」

❼ This is my best job so far. They give me a **lot of** freedom.
　これまででいちばんいい仕事です。かなり自由が利くんです。

❽ I am in charge of a major account. It's **exciting**!
　大口顧客の担当をしています。ワクワクします！
　＊ major「主要な」　account「顧客」

❾ I'm busy all the time, **but I** like my job.
　いつも忙しくしていますが、自分の仕事が気に入っています。

❿ My current job is much harder than my previous job!
　いまの仕事は前の仕事よりずっとハードです！
　＊ current「いまの；現在の」

自分の会社について話す ≫ 187

Unit 45 自社サービスについて話す

Step 1-3
センテンス・シャドーイング！

Step 1 ☞ 各センテンスを理解しよう！ 文法や語いを確認しよう！
Step 2 ☞ **スロー・スピード**で各センテンスをシャドーイングしよう！
Step 3 ☞ **ナチュラル・スピード**で各センテンスをシャドーイングしよう！

① It's **hard to** describe my job!

私の仕事を説明するのはとても難しいんです！

- It is A to B「BすることはAだ」 to ... 不定詞が意味上の主語です。
- describe「描写する；説明する」
- hard to の [d] の音がなくなることがあります。

② I work for a major electronics maker, so everybody thinks **I am** involved in engineering or sales.

大手の電子メーカーで働いているので、みんな私がエンジニアリングとか営業の仕事をしていると思うのです。

- major「主要な；大手の」　electronics maker「電子メーカー」
  be involved in ...「…に関係している」　engineering「エンジニアリング；工学」　sales「営業；販売」
- I am は短縮形の [アイム] の発音になる場合があります。

③ **But my** job is completely different.

しかし、私の仕事は全然違います。

- completely「完全に」　different「異なる」
- But my の [t] の音がなくなることがあります。

④ Our company has a different section that runs **training** seminars.

うちの会社には、トレーニング・セミナーを運営する別セクションがあるのです。

- section that ...「…のセクション」　that ... は主格の関係代名詞で section を説明しています。
- section「部署」　seminar「セミナー；講習会」
- training は [チュレイニング] と発音しましょう。

⑤ We provide them to companies **that want to** do global business.
グローバル・ビジネスをやりたい企業にセミナーを提供しています。

- companies that ...「…な会社」 that ... は主格の関係代名詞。
- provide「提供する」　global「グローバルな；国際的な；世界的な」
- that want to では、that と want の [t] 音がなくなることがあります。want to はさらに短く [ウォナ] と発音することもあります。

⑥ We **started** doing these seminars for our own employees, **but we expanded it** to a service.
自社の従業員向けにセミナーを始めたのですが、それをサービスに拡大したのです。

- started doing ...「…をやり始めた」 -ing は動名詞。
- own「自身の」　employee「社員」　expand「拡大する」
- started の [t] の音が跳ね [スターディ [リ] ッド] と発音されます。but we から [t] の音が消えます。expanded it はつながり [エクスパンディディッ＿] という発音になります。末尾の [t] 音も消えることに注意しましょう。

⑦ We have been **pretty** successful in recent years, because so many Japanese companies **need to** become global players.
多くの日本企業がグローバルな企業になる必要があるため、ここ数年とてもうまくいっています。

- because ...「…だから」 理由を説明する節を作ります。
  need to ...「…する必要がある」 不定詞の名詞的用法です。
- successful「成功裏の」　player「企業；取引などへの参加者」
- pretty の [t] の音が跳ね [プリディ [リ] ー] と発音されます。need to からは [d] の音がなくなります。

Unit 45

Step 4 モノローグ・シャドーイング！

ナチュラル・スピードでモノローグ全体を一気にシャドーイングしよう！

① It's **hard to** describe my job! ② I work for a major electronics maker, so everybody thinks **I am** involved in engineering or sales. ③ **But my** job is completely different. ④ Our company has a different section that runs **training** seminars. ⑤ We provide them to companies **that want to** do global business. ⑥ We **started** doing these seminars for our own employees, **but we expanded it** to a service. ⑦ We have been **pretty** successful in recent years, because so many Japanese companies **need to** become global players.

① 私の仕事を説明するのはとても難しいんです！ ② 大手の電子メーカーで働いているので、みんな私がエンジニアリングとか営業の仕事をしていると思うのです。 ③ しかし、私の仕事は全然違います。 ④ うちの会社には、トレーニング・セミナーを運営する別セクションがあるのです。 ⑤ グローバル・ビジネスをやりたい企業にセミナーを提供しています。 ⑥ 自社の従業員向けにセミナーを始めたのですが、それをサービスに拡大したのです。 ⑦ 多くの日本企業がグローバルな企業になる必要があるため、ここ数年とてもうまくいっています。

Step 5
もっとシャドーイング！

太字の部分の発音に注意して、関連表現を**ナチュラル・スピード**でシャドーイングしよう！　　CD 2-80

---

❶ We manufacture light **fixtures** for hotels **and** restaurants.
　わが社はホテルやレストラン用の照明器具を製造しています。
　* manufacture「製造する」　light fixture「照明具」

❷ We build the exhaust systems on **automobiles**.
　自動車の排気装置を作っています。
　* exhaust「排気」

❸ We produce **one of the** world's most successful health drinks.
　世界で最も成功した健康飲料のひとつを製造しています。

❹ We are coming out with a new **line of** products **next year**.
　来年、新製品群を発売します。
　* a new line of products「新基軸の製品群」

❺ I work for a cosmetics company. Our biggest overseas market is South Korea.
　化粧品会社に勤めています。弊社の海外で最大のマーケットは韓国です。

❻ We are a content provider. We mainly produce translation software.
　弊社はコンテンツ・プロバイダーです。おもに翻訳ソフトを作っています。
　* translation「翻訳」

❼ I work for a toy manufacturer. Our main **line of** business is video games.
　玩具メーカーで働いています。おもにテレビゲームを手がけています。
　* main line of ...「おもな種類の…」

❽ We're a pharmaceutical company. We develop treatments for cancer.
　うちは製薬会社です。ガン治療向けの製品開発を行っています。
　* treatment「治療法」

❾ My company is in the telecom **industry**. We create global IT systems.
　弊社は電気通信業界の企業です。世界規模の IT システムを構築しています。
　* global「世界規模の；地球規模の」

❿ We're **an old-fashioned** company. We produce jams and jellies.
　うちは古風なの会社です。ジャムとゼリーを製造しているんです。
　* old-fashioned「古風な；昔気質の；古臭い」

自社サービスについて話す

Unit 46 自分の部署について話す

Step 1-3 センテンス・シャドーイング！

Step 1 ☞ 各センテンスを理解しよう！ 文法や語いを確認しよう！
Step 2 ☞ **スロー・スピード**で各センテンスをシャドーイングしよう！
Step 3 ☞ **ナチュラル・スピード**で各センテンスをシャドーイングしよう！

① My job is to assist in the organization of the seminars.
　私の仕事はセミナーの準備や計画を補佐することです。

- assist「補佐する」　organization「準備；計画」

② I am involved in recruiting the speakers, **and designing** the seminars.
　私は講演者のリクルートとセミナーの企画を練る仕事をしています。

- be involved in ...「…に関係している」 受動態の文です。
  recruiting「リクルートすること」 動詞＋ -ing の動名詞です。後ろに出てくる designing も同じです。
- design「企画する」　seminar「セミナー」
- and の [d] や designing の [g] の音がなくなることがあります。

③ We have to keep expanding our product line, because **different companies** have **different needs**.
　会社がそれぞれに異なるニーズをもっているため、商品ラインを拡大し続ける必要があるのです。

- keep expanding「拡大を続ける」 expanding は動名詞です。
- product line「商品ライン」　different「異なった」　needs「ニーズ；必要性」
- different company/needs の [t] の音がなくなることがあります。

④ We do **everything** from half-day workshops to five-day seminars.
　半日のワークショップから5日に渡るセミナーまであらゆることを行います。

- from ... to ...「…から…まで」　half-day「半日の」
- everything の [g] の音がなくなることがあります。

⑤ Only really **big companies** can afford the longer ones.
ほんとうに大きな会社しか大きなセミナーは受けられません。

- can afford「余裕がもてる」 can は可能を表す助動詞です。
  longer「より長い」 形容詞 long の比較級です。
- ones はここでは seminars や workshops のことです。
- big companies の [g] の音がなくなることがあります。

⑥ Once the seminar starts, I help the main **instructor**.
いったんセミナーが始まると、私はメインの講師の手伝いをします。

- Once ...「いったん…すると」 時間・前後関係を表す接続詞です。
- main「主要な」　instructor「講師」
- instructor は [インスチュラクター] と発音されます。

⑦ Eventually, I'm **expected to** run my own program. I'm **excited** about that, but nervous!
ゆくゆくは自分のプログラムを運営できるよう期待されているのです。ワクワクしますが、ドキドキもしています！

- be expected to ...「…することを期待されている」 to ... 以下は不定詞で動詞の目的語になっています。
  be excited about ...「…にワクワクする」 excite「ワクワクさせる」という意味の動詞の受動態です。
- eventually「ゆくゆくは」　program「講座；番組」
- expected の最後の [d] の音がなくなることがあります。excited は跳ねるように [エクサイディ [リ] ッド] と発音することもあります。

自分の部署について話す 》》》 **193**

Step 4 モノローグ・シャドーイング！

ナチュラル・スピードでモノローグ全体を一気にシャドーイングしよう！

① My job is to assist in the organization of the seminars. ② I am involved in recruiting the speakers, **and designing** the seminars. ③ We have to keep expanding our product line, because **different companies** have **different needs**. ④ We do **everything** from half-day workshops to five-day seminars. ⑤ Only really **big companies** can afford the longer ones. ⑥ Once the seminar starts, I help the main **instructor**. ⑦ Eventually, I'm **expected to** run my own program. I'm **excited** about that, but nervous!

① 私の仕事はセミナーの準備や計画を補佐することです。 ② 私は講演者のリクルートとセミナーの企画を練る仕事をしています。 ③ 会社がそれぞれに異なるニーズをもっているため、商品ラインを拡大し続ける必要があるのです。 ④ 半日のワークショップから5日に渡るセミナーまであらゆることを行います。 ⑤ ほんとうに大きな会社しか大きなセミナーは受けられません。 ⑥ いったんセミナーが始まると、私はメインの講師の手伝いをします。 ⑦ ゆくゆくは自分のプログラムを運営できるよう期待されているのです。ワクワクしますが、ドキドキもしています！

Step 5 もっとシャドーイング！

太字の部分の発音に注意して、関連表現を**ナチュラル・スピード**でシャドーイングしよう！

❶ My main job is to research new business **opportunities**.
　私のおもな仕事は新しいビジネス・チャンスの調査・研究です。
　＊ research「調査・研究する」

❷ I'm a global team leader. I coordinate my project's **international** operations.
　私は国際チームのリーダーです。自分のプロジェクトの国際業務を組織・運営しています。
　＊ coordinate「組織する；調整する」　operation「営業；操業」

❸ My job is to hire, **train** and place newly hired staff.
　私の仕事は、新規スタッフの採用とトレーニング、配属です。
　＊ hire「雇い入れる」　train「訓練する」

❹ **Right** now I am **working on** three different projects.
　いまは3つの異なるプロジェクトで働いています。

❺ I work in the Procurement Department of a major **automobile** maker.
　大手自動車メーカーの調達部門で働いています。
　＊ procurement「（材料などの）調達」

❻ I'm in sales, so most of my work involves travel.
　営業部に所属しています。なのでほとんどの仕事に出張はつきものです。
　＊ involve「含む；必要とする」

❼ I work in my company's Legal Department. **Mostly**, I write contracts.
　会社の法務部門で働いています。ほとんどは契約書の作成です。
　＊ contract「契約書」

❽ I work as a designer for a game software developer.
　ゲームソフト開発企業でデザイナーをしています。

❾ I'm an assistant director at a TV station. I **scout locations** for **shooting**.
　テレビ局のアシスタント・ディレクターです。撮影のロケ地を選定しています。

❿ I'm a sales clerk **at a** clothing boutique in a downtown **department** store.
　私は市街地のデパートのブティックで販売係をしています。
　＊ sales clerk「販売係」

自分の部署について話す

Unit 47 同僚について話す

Step 1-3 センテンス・シャドーイング！

Step 1 ☞ 各センテンスを理解しよう！ 文法や語いを確認しよう！
Step 2 ☞ スロー・スピードで各センテンスをシャドーイングしよう！
Step 3 ☞ ナチュラル・スピードで各センテンスをシャドーイングしよう！

① The guy I work the most with is a really nice guy, **but** very shy.

私が最もいっしょに仕事をしている人は、とてもいい人ですがとても恥ずかしがり屋なんです。

- The guy (that) I work the most with「最もよくともに仕事をしている人」 that ... with は関係代名詞節です。この文の主語は the guy で、動詞は is です。
- shy「恥ずかしがりの」
- but の [t] の音がなくなることがあります。

② His desk is **next to** mine, but we hardly ever talk.

デスクは私の隣なんですが、私たちはほとんど話をしません。

- next to ...「…の隣」　hardly ever「ほとんど…ない」
- next to の next から [t] の音がなくなることがあります。

③ It's **not that** he's unfriendly. He is just very quiet. Plus, when I praise him, he always blushes! It's cute!

人当たりが悪いというわけではなく、とても静かなだけなのです。それに、彼をほめるといつも赤くなるんです！ かわいいんですよ！

- It's not that ...「…ということではない」 that 以下は名詞節です。
  when ...「…のとき」 時間を表す副詞節を作ります。
- unfriendly「友好的でない」　quiet「静かな」　praise「ほめる」　blush「赤くなる」
- not that の not から [t] の音がなくなることがあります。

④ But he is a good worker, and I **look up to** him.

でも、彼はいい社員なので、私は彼のことを尊敬しています。

- But ...「しかし…」 前の文を受け、逆接の関係でつなぎます。
- look up to ...「…を尊敬する」
- look up to では、look と up がつながります。また up から [p] の音がなくなることがあり、全体では [ルカッ__トゥー] のように発音されます。

⑤ Because he always stays calm, even when we have trouble **on a** project.
その理由は、彼がいつも冷静だからです。プロジェクトにトラブルが起こったときでさえ冷静です。

- even when ...「…のときでさえ」 時間を表す副詞節を導きます。
- calm「静かな；沈着な」　project「仕事；プロジェクト；計画」
- on a は音がつながり [オナ] という発音になります。

⑥ I **tend to get worried** and upset when things go wrong. But he is always the same.
なにかがうまくいかないと、私は心配したりイライラしたりするほうです。でも、彼はいつも変わりません。

- when ...「…のとき」 時間を表す節を作ります。
- tend to ...「…しがちだ；…する傾向にある」　get worried「心配する」
  go wrong「うまくいかない」
- tend to から [d] の音が、また get worried からは [t] の音がなくなることがあります。

⑦ He knows that business has ups and downs, and you just have to keep going. I **want to** be more like that.
仕事にはいいときと悪いときがあって、ただ進んでいかねばならないことを彼は心得ているんです。もっとそんなふうになりたいと思っています。

- ups and downs「いいときと悪いとき」　keep going「進み続ける」
  more like ...「もっと…のように」
- want to の want から [t] の音がなくなることがあります。さらに短く [ウォナ] と発音することもあります。

Step 4
モノローグ・シャドーイング！

ナチュラル・スピードでモノローグ全体を一気にシャドーイングしよう！

① The guy I work the most with is a really nice guy, **but** very shy. ② His desk is **next to** mine, but we hardly ever talk. ③ It's **not that** he's unfriendly. He is just very quiet. Plus, when I praise him, he always blushes! It's cute! ④ But he is a good worker, and I **look up to** him. ⑤ Because he always stays calm, even when we have trouble **on a** project. ⑥ I **tend to get worried** and upset when things go wrong. But he is always the same. ⑦ He knows that business has ups and downs, and you just have to keep going. I **want to** be more like that.

① 私が最もいっしょに仕事をしている人は、とてもいい人ですがとても恥ずかしがり屋なんです。 ② デスクは私の隣なんですが、私たちはほとんど話をしません。 ③ 人当たりが悪いというわけではなく、とても静かなだけなのです。それに、彼をほめるといつも赤くなるんです！　かわいいんですよ！ ④ でも、彼はいい社員なので、私は彼のことを尊敬しています。 ⑤ その理由は、彼がいつも冷静だからです。プロジェクトにトラブルが起こったときでさえ冷静です。 ⑥ なにかがうまくいかないと、私は心配したりイライラしたりするほうです。でも、彼はいつも変わりません。 ⑦ 仕事にはいいときと悪いときがあって、ただ進んでいかねばならないことを彼は心得ているんです。もっとそんなふうになりたいと思っています。

Step 5 もっとシャドーイング！

太字の部分の発音に注意して、関連表現を**ナチュラル・スピード**でシャドーイングしよう！

❶ My coworker is super smart!
私の同僚はものすごく頭が切れるんです！
* smart「頭のよい」

❷ My overseas **counterpart** is a joy **to** work with.
海外の取引先の連絡相手はいっしょに働くのが愉しい人なんです。
* counterpart「対応・相当するもの」ある人がビジネス上、実際にやりとりしている相手を指します。

❸ I like all my team members. We often go out for drinks.
チームのメンバー全員が好きです。よくいっしょに飲みにいくんです。

❹ I have some **personality** issues with **one of the** guys I work with.
いっしょに働いているひとりと性格が合わないんです。
* personality issues「性格上の問題」

❺ The new guy is cute. **But I** have a policy **not to** date guys from work.
新人君がかわいいんです。でも職場の人とはつき合わないことにしてます。
* policy「方針」

❻ The lady who sits **next to** me gossips too much!
隣の女性はうわさ話が多すぎるんですよ！
* gossip「うわさ話・無駄話をする」

❼ My coworker has a **lot of** energy. He **motivates** the rest of us.
同僚は元気いっぱいなんです。ほかのみんなのモチベーションを上げてくれます。
* motivate「動機づけする」

❽ She joined the company the same time as me. We're very close.
彼女とは同じ時期に入社しました。とても親しくしています。

❾ Our working styles **don't** match, unfortunately.
残念ながら私たちの仕事のスタイルは合わないんです。

❿ He's a bit slow. I try to support him, **but I need to** do my own work too.
彼はちょっと仕事が遅いんです。助力しようとはしてますが、自分の仕事もしなければならないので。
* support「支える」

Unit 48 給料・福利厚生について話す

Step 1-3 センテンス・シャドーイング！

Step 1 ☞ 各センテンスを理解しよう！ 文法や語いを確認しよう！
Step 2 ☞ **スロー・スピード**で各センテンスをシャドーイングしよう！
Step 3 ☞ **ナチュラル・スピード**で各センテンスをシャドーイングしよう！

① Because the economy is slow, my company has reduced our benefits.

景気が減退しているため、会社は私たちの諸手当をカットしています。

- has reduced「削減した」 現在完了形で、過去から現在までの時間の流れを表しています。
- economy「経済」 benefits「諸手当；福利厚生」

② Our bonus has **gotten** smaller, for one thing.

一例を挙げると、ボーナスが少なくなりました。

- get smaller「より小さくなる」 smaller は small の比較級です。
- bonus「ボーナス」 for one thing「ひとつとして」
- gotten は [t] の音が跳ねて [ガッドゥ [ル] ン] と発音されるときと、[ガッんン] と鼻にかかったように発音される場合があります。CD で確認してみましょう。

③ Of course, I'm not happy about that, **but I** understand.

もちろんこの点はうれしくないのですが、理解はできます。

- happy about ...「…がうれしい」 understand「理解する」
- but I はつながる部分で音が跳ねて [バッダ [ラ] イ] という発音になります。

④ We are losing business to Korean and Chinese **competitors**, and we have to **cut costs**.

われわれは韓国や中国の競合に仕事を奪われていて、コストカットの必要があるのです。

- be losing「失いつつある」 現在進行形の文です。
- lose business to ...「…に仕事を奪われる」 competitor「競合相手」
  cut costs「コストを削減する」
- competitors は [t] の音が跳ね [カムペディダ [リラ] ーズ] という発音がなされます。cut costs からは cut の [t] の音がなくなります。

⑤ **But to** compensate, they try to make our jobs easier.
しかし、その代わりとして、会社は社員の仕事を楽にしようとしています。

- to compensate「償うために」 不定詞の副詞的用法で、後ろにある動詞 try を説明しています。
- try to ...「…しようとする」　easier「よりかんたんに；より楽に」
- But to の But から [t] の音がなくなることがあります。

⑥ They introduced flex time, **and we** can work at home one day a week.
フレックスタイムを導入し、週に1日は家で仕事ができます。

- introduce「導入する」　flex time「フレックスタイム制」　work at/from home「在宅勤務する」 one day a week「週に1日」
- and we からは [d] の音がなくなることがあります。

⑦ This way, they can avoid overtime payment.
この方法で、会社は残業代の支払いを防ぐことができるのです。

- overtime payment「残業代」

⑧ For me, it's great, because I have a **lot of** time to spend with my family.
私にとって、これはすばらしいことです。家族と過ごす時間がたくさんできるからです。

- time to spend「過ごすための時間」　to ... 不定詞は形容詞的用法で直前の time を説明しています。
- great「すばらしい」　spend「（時間を）過ごす」
- lot of はつながりの部分で音が跳ね [ラッダ [ラ] ヴ] と発音されます。

Unit 48

Step 4
モノローグ・シャドーイング！

ナチュラル・スピードでモノローグ全体を一気にシャドーイングしよう！

① Because the economy is slow, my company has reduced our benefits. ② Our bonus has **gotten** smaller, for one thing. ③ Of course, I'm not happy about that, **but I** understand. ④ We are losing business to Korean and Chinese **competitors**, and we have to **cut costs**. ⑤ **But to** compensate, they try to make our jobs easier. ⑥ They introduced flex time, **and we** can work at home one day a week. ⑦ This way, they can avoid overtime payment. ⑧ For me, it's great, because I have a **lot of** time to spend with my family.

① 景気が減退しているため、会社は私たちの諸手当をカットしています。 ② 一例を挙げると、ボーナスが少なくなりました。 ③ もちろんこの点はうれしくないのですが、理解はできます。 ④ われわれは韓国や中国の競合に仕事を奪われていて、コストカットの必要があるのです。 ⑤ しかし、その代わりとして、会社は社員の仕事を楽にしようとしています。 ⑥ フレックスタイムを導入し、週に1日は家で仕事ができます。 ⑦ この方法で、会社は残業代の支払いを防ぐことができるのです。 ⑧ 私にとって、これはすばらしいことです。家族と過ごす時間がたくさんできるからです。

Step 5 もっとシャドーイング！

太字の部分の発音に注意して、関連表現を**ナチュラル・スピード**でシャドーイングしよう！

① My company has **an on-site** gym. **I love it**!
会社は社内にジムがあるんです。とても気に入ってます！
＊ on-site「現地の」

② I work **at a university**, so I **get all** summer off.
大学で働いているので、夏中お休みになるんです。

③ My company pays **great bonuses** when we have a good year.
ビジネスがいい年には、すごいボーナスが出ます。

④ My company pays the full cost of online courses.
オンラインコースの費用は、会社が全部払ってくれます。
＊ cost「費用」

⑤ I like working here, because there are a **lot of** benefits for working mothers.
働く母親に対する福利厚生が充実しているので、ここでの仕事が気に入っています。
＊ benefits「福利厚生」

⑥ My company's health plan includes everyone in my family.
会社の医療制度には家族全員の分も含まれているんです。
＊ health plan「医療制度」

⑦ I work **at a department** store so I get **thirty** percent off all purchases.
デパートで働いているので、すべての買い物が30％割引になるんです。
＊ purchase「購入」

⑧ I work for a big hotel chain. I can stay for free at any of their hotels worldwide.
大手ホテルチェーンで働いています。世界中のチェーンホテルに無料で宿泊できます。

⑨ My company pays for all my **travel** expenses including food.
会社は食費も含めて、出張費用を全部払ってくれます。

⑩ My company has a **beautiful** resort. Employees can stay there for very cheap.
会社は美しいリゾートを所有しています。社員はそこにとても安く泊まれるんです。

Unit 49 仕事の苦労について話す

Step 1-3 センテンス・シャドーイング！

Step 1 ☞ 各センテンスを理解しよう！ 文法や語いを確認しよう！　CD 2-93
Step 2 ☞ スロー・スピードで各センテンスをシャドーイングしよう！　CD 2-93
Step 3 ☞ ナチュラル・スピードで各センテンスをシャドーイングしよう！　CD 2-94

① My job has a good salary, **but we** really have to work hard for it.
私の仕事は給料はよいのですが、そのために懸命に働かねばなりません。

- have to ...「…しなければならない」 義務を表す表現です。
- salary「給料」　work hard「懸命に働く」
- but we の [t] の音がなくなることがあります。

② The **worst thing** is that I have almost no free time.
最低なのはほとんど自由な時間が取れないことなんです。

- worst「最悪の」 形容詞 bad の最上級です。
  that ... 以下は名詞節でこの文の補語の役割を果たしています。
- almost「ほぼ」　free time「自由な時間」
- worst thing の [t] の音がなくなることがあります。

③ I work for a **trading** company, and we are always very busy.
貿易会社に勤務しているのですが、いつもとても忙しいのです。

- work for ...「…に勤めている」　trading company「貿易会社」
- trading は [チュレイディング] のように発音しましょう。最後の [g] の音がなくなることもあります。

④ I have to wake up early, and I never **get back** home before midnight!
早起きしなければなりませんし、深夜前に帰宅することもありません！

- wake up「起きる」　never「決して…ない」　get back home「家に戻る；帰宅する」
  midnight「深夜0時」
- get back の [t] の音がなくなることがあります。

⑤ This week, I've already missed the last **train** three times, and **took a** taxi home.

今週は、すでに3回も終電を逃して、タクシーに乗って帰宅しました。

- have already missed「すでに逃した」 完了形で過去から現在までの時間の流れを表します。
- miss「逃す」　three times「3回」　take a taxi home「家までタクシーに乗る」
- train は [チュレイン] のように発音されます。took a は音がつながり [トゥッカ] という発音になります。

⑥ The other problem is the pressure we **get** from our bosses. It's like the military!

そのほかの問題は上司のプレッシャーが強いことです。まるで軍隊なんです！

- the pressure (that) we get ...「私たちが受ける圧力」 that ... 以下の関係代名詞節が pressure を説明しています。
- problem「問題」　pressure「圧力」　boss「上司」　military「軍；軍隊」
- get の [t] の音がなくなることがあります。

⑦ They are always yelling **at us**. So the atmosphere is not good.

いつも部下を怒鳴りつけているんですよ！ なので雰囲気がよくないのです。

- be yelling at ...「…を怒鳴りつけている」 現在進行形の文です。
- always「いつも」　atmosphere「雰囲気」
- at us はつながる部分の音が跳ねて [アッダ [ラ] ス] という発音になります。

⑧ I just **want to** save a **lot of** money, and quit **in a** few years.

たくさんお金を貯めて、数年後には退社したいのです。

- want to ...「…したい」 to 不定詞の名詞的用法です。
- save money「お金を貯める」　quit「(仕事を) 辞める」
- want to の want から [t] の音がなくなります。また、短く [ウォナ] と発音される場合もあります。lot of は跳ねるように [ラッダ [ラ] ヴ] と発音。in a はつながって [イナ] と発音されます。

仕事の苦労について話す

Unit 49

Step 4
モノローグ・シャドーイング！

ナチュラル・スピードでモノローグ全体を一気にシャドーイングしよう！

① My job has a good salary, **but we** really have to work hard for it. ② The **worst thing** is that I have almost no free time. ③ I work for a **trading** company, and we are always very busy. ④ I have to wake up early, and I never **get back** home before midnight! ⑤ This week, I've already missed the last **train** three times, and **took a** taxi home. ⑥ The other problem is the pressure we **get** from our bosses. It's like the military! ⑦ They are always yelling **at us**. So the atmosphere is not good. ⑧ I just **want to** save a **lot of** money, and quit **in a** few years.

① 私の仕事は給料はよいのですが、そのために懸命に働かねばなりません。 ② 最低なのはほとんど自由な時間が取れないことなんです。 ③ 貿易会社に勤務しているのですが、いつもとても忙しいのです。 ④ 早起きしなければなりませんし、深夜前に帰宅することもありません！ ⑤ 今週は、すでに3回も終電を逃して、タクシーに乗って帰宅しました。 ⑥ そのほかの問題は上司のプレッシャーが強いことです。まるで軍隊なんです！ ⑦ いつも部下を怒鳴りつけているんですよ！ なので雰囲気がよくないのです。 ⑧ たくさんお金を貯めて、数年後には退社したいのです。

Step 5
もっとシャドーイング！

太字の部分の発音に注意して、関連表現を**ナチュラル・スピード**でシャドーイングしよう！

❶ My company laid off a **lot of** people. Those who are left have to work much harder.
うちの会社では多くの人を一時解雇にしました。残された者はさらに懸命に働かねばなりません。
* lay off「一時解雇する」

❷ My company is very old-fashioned. **There are** almost no women executives.
会社はとても古い体質なんです。女性の幹部はほとんどいないんです。
* executive「重役；幹部；取締役」

❸ At my company, the managers are **not decisive** enough.
うちの会社では、マネージャーたちに決断力が不足しています。
* decisive「決断力のある」

❹ I work too many hours. I rarely get home before eleven pm.
私は長い時間働き過ぎています。午後 11 時前に帰宅することは稀なんです。
* rarely「滅多に…ない」

❺ Everybody I work with is a lot older than me. I feel that I don't **fit in**.
いっしょに仕事をしている人はみんなずっと年配なんです。なじめない感じです。
* fit in「なじむ」

❻ I spend too much time **traveling** on my job. I'm always tired.
仕事では出張が多すぎます。いつも疲れているんです。

❼ I work for a famous television director. He is very bossy **and** demanding!
有名なテレビのディレクターの下で働いています。とても威張っていて要求が多いんです！
* bossy「威張り散らす；横柄な」 demanding「要求の多い」

❽ I only get one day off per week. That's **not enough**!
週に一日しか休みがありません。それでは不十分ですよね！

❾ We don't have good policies for working mothers **at my** company.
うちの会社には、働く母親にとってのよい方針がないのです。

❿ I stare **at a computer** for ten hours a day. It's not good for my eyes.
一日に 10 時間コンピューターをにらんでいます。目によくないんですよ。
* stare「凝視する」

Unit 50 仕事の楽しみについて話す

Step 1-3 センテンス・シャドーイング！

Step 1 ☞ 各センテンスを理解しよう！ 文法や語いを確認しよう！
Step 2 ☞ スロー・スピードで各センテンスをシャドーイングしよう！
Step 3 ☞ ナチュラル・スピードで各センテンスをシャドーイングしよう！

① I work for an NPO, so I **don't** make a **lot of** money.

私はNPOで働いているので、お金はあまり稼いでいません。

- NPO「非営利団体」　make money「お金を稼ぐ」
- don't の [t] の音がなくなります。lot of はつながる部分で [t] の音が跳ねて [ラッダ] [ラ] [ヴ] と発音されます。

② **But the** thing I love **about** my job is the people.

でも、仕事上で私が気に入っているのは、人間です。

- the thing (that) I love「私の好きなこと」　that ... 以下の関係代名詞節が thing を説明しています。
- thing「事；物事」
- But the と about の [t] の音がなくなることがあります。

③ First, my coworkers are all great. They have lived in many **different countries**, so they have very open minds.

まず、同僚たちがみんなすばらしいのです。いろいろな国に暮らしてきたので、とてもオープンな考え方をもっています。

- have lived「暮らしてきた」　完了形の経験用法です。
- coworker「同僚」　open minds「自由な考え方」
- different countries の different から [t] の音がなくなることがあります。

④ We like **working together** on projects **that make** the world a **little better**.

私たちは、世界をちょっとよくするプロジェクトでいっしょに働くことが気に入っています。

- working together「いっしょに働くこと」　working は動名詞です。
  that ... は関係代名詞節を作り、projects を説明しています。
- together「いっしょに」　better「よりよく」
- working together の [g] の音、that make の [t] の音がなくなることがあります。little と better はどちらも [t] の音が跳ねて [リドゥ] [ル] ル] [ベダ] [ラ] ー] と発音されます。

⑤ **Then, there are the people we work with on projects.**
それから、いろいろなプロジェクトでいっしょに仕事をする人もいます。

- people (that) we work with「いっしょに働く人々」 that ... 以下の関係代名詞節が people を説明しています。

⑥ **We often get to meet officials, artists and musicians from developing countries all over the world.**
世界中の途上国の官吏や芸術家や音楽家に会う機会もよくあります。

- get to ...「…する機会がある」 official「公務員；役人」 developing「開発途上の」 all over the world「世界中の」
- get to の get から [t] の音がなくなります。artists の art- の部分の [t] の音が跳ねて [アーディ[リ] スツ] と発音されます。

⑦ **Last month, I got to meet Latvia's biggest musical star. He is called 'the Michael Jackson of Latvia!'**
先月はラトビア第一のミュージカル・スターに会いました。彼はラトビアの「マイケル・ジャクソン」と呼ばれています。

- biggest「最大の」 形容詞 big の最上級です。
  be called ...「…と呼ばれている」 受動態表現です。
- got to の got から [t] の音がなくなることがあります。

⑧ **Such experiences make this work worthwhile.**
そういった経験がこの仕事をやりがいのあるものにしてくれています。

- SVOCの文型で、this work = worthwhile の関係になっています。
- such「そのような」 worthwhile「やりがいのある；価値ある」

仕事の楽しみについて話す

Step 4 モノローグ・シャドーイング！

ナチュラル・スピードでモノローグ全体を一気にシャドーイングしよう！

Unit 50 の Step 4 と Step 5 は、トラック数制限の関係で、どちらもトラック 99 に収録してあります。

① I work for an NPO, so I **don't** make a **lot of** money. ② **But the** thing I love **about** my job is the people. ③ First, my coworkers are all great. They have lived in many **different countries**, so they have very open minds. ④ We like **working together** on projects **that make** the world a **little better**. ⑤ Then, there are the people we work with on projects. ⑥ We often **get to** meet officials, **artists** and musicians from developing countries all over the world. ⑦ Last month, I **got to** meet Latvia's biggest musical star. He is called 'the Michael Jackson of Latvia!' ⑧ Such experiences make this work worthwhile.

① 私はNPOで働いているので、お金はあまり稼いでいません。 ② でも、仕事上で私が気に入っているのは、人間です。 ③ まず、同僚たちがみんなすばらしいのです。いろいろな国に暮らしてきたので、とてもオープンな考え方をもっています。 ④ 私たちは、世界をちょっとよくするプロジェクトでいっしょに働くことが気に入っています。 ⑤ それから、いろいろなプロジェクトでいっしょに仕事をする人もいます。 ⑥ 世界中の途上国の官吏や芸術家や音楽家に会う機会もよくあります。 ⑦ 先月はラトビア第一のミュージカル・スターに会いました。彼はラトビアの「マイケル・ジャクソン」と呼ばれています。 ⑧ そういった経験がこの仕事をやりがいのあるものにしてくれています。

Step 5 もっとシャドーイング！

太字の部分の発音に注意して、関連表現を**ナチュラル・スピード**でシャドーイングしよう！

Unit 50 の Step 4 と Step 5 は、トラック数制限の関係で、どちらもトラック 99 に収録してあります。

❶ This is a really fun job! I **get to** meet many musicians and singers!
これはとても楽しい仕事です！多くの音楽家や歌手に会う機会があるんです！

❷ I work **at a** veterinarian's office. I love **being around** animals!
獣医のオフィスで働いています。動物のそばにいるのが大好きです！

❸ The best thing **about my** job is all the overseas **travel**.
海外旅行に行けるのが、私の仕事のいちばんいいところです。

❹ The nicest thing **about my** job is the people I work with. We're like a family.
いっしょに働いている人たちが、私の仕事ではいちばんすてきな部分です。家族みたいなんですよ。

❺ My job involves mentoring newcomers. Being around young people keeps me young!
私の仕事には新人教育が含まれています。若い人のそばにいると、若さが保てるんです！
* mentor「助言する；新入社員を教育する」

❻ I work **in a** cake shop, so I can eat lots of yummy food!
ケーキ屋さんで働いていますから、おいしい食べ物がたくさん食べられるんです！

❼ The thing I love most **about my** job is **that I** learn so many cool things!
仕事でいちばん気に入っているのは、すごいことをたくさん学べるところです！

❽ My job is really **creative**. That's very fulfilling.
私の仕事はとても創造的です。満足感がとても高いんです。
* fulfilling「満足させる」

❾ I'm allowed to work **pretty** independently. I value that.
かなり独立して仕事をすることを許可されています。そこがいいところです。
* independently「独立して」 value「価値を認める」

❿ My boss treats me like **an equal**, so it is a pleasure to work with him.
上司は私のことを自分と等しく扱ってくれます。だから彼と仕事するのはよろこびなんです。
* treat「扱う；処する」

仕事の楽しみについて話す

■ 著者略歴

長尾 和夫（Kazuo Nagao）

福岡県出身。南雲堂出版、アスク講談社、NOVA などで、大学英語教科書や語学系書籍・CD-ROM・Web サイトなどの編集・制作・執筆に携わる。現在、語学書籍の出版プロデュース・執筆・編集・翻訳などを行うアルファ・プラス・カフェ（www.alphapluscafe.com）を主宰。『つぶやき英語』『カンタン英会話パターン 88』（アスク出版）、『絶対「英語の耳」になる！』シリーズ（三修社）、『起きてから寝るまで英会話口慣らし練習帳（完全改訂版）』（アルク）、『英会話 見たまま練習帳』（DHC）、『英語で自分をアピールできますか？』（角川グループパブリッシング）、『そのまま使える SNS の英語 1500』（日本経済新聞出版社）、『ネイティブ英語がこう聞こえたら、この英語だ！』（主婦の友社）ほか、著訳書・編書は 200 点余りに及ぶ。『English Journal』（アルク）、『CNN English Express』（朝日出版社）など、雑誌媒体への寄稿も行っている。

アンディ・バーガー（Andy Boerger）

米国出身。オハイオ州立大学で BFA を取得。横浜国立大学講師。サイマルアカデミー CTC（Simul Academy Corporate Training Center）、アルク、タイムライフなどでの英会話講師経験を活かし、A+Café（アルファ・プラス・カフェ）の主要メンバーとして、多岐にわたる語学書籍の執筆に活躍中。主著に、『聴こえる！話せる！ネイティヴ英語発音の法則』『ネイティヴみたいに主張する！ 激論 English』（DHC）、『英文メールとにかく 100 語で書いてみる』（すばる舎）、『英語で返事ができますか？』（角川グループパブリッシング）、『ビジネスパワー英語入門 243』（PHP 研究所）などがある。

絶対『英語の口』になる！
中学英語で基礎から鍛える シャドーイング大特訓50

2013 年 2 月 10 日　第 1 刷発行
2020 年 7 月 10 日　第 6 刷発行

著　者	長尾和夫　アンディ・バーガー
発行者	前田俊秀
発行所	株式会社三修社
	〒150-0001　東京都渋谷区神宮前 2-2-22
	TEL 03-3405-4511　FAX 03-3405-4522
	振替 00190-9-72758
	https://www.sanshusha.co.jp/
	編集担当　北村英治
印刷所	壮光舎印刷株式会社

©2013 A+Café　Printed in Japan
ISBN978-4-384-04538-3 C2082

JCOPY 〈出版者著作権管理機構 委託出版物〉

本書の無断複製は著作権法上での例外を除き禁じられています。複製される場合は、そのつど事前に、出版者著作権管理機構（電話 03-5244-5088 FAX 03-5244-5089 e-mail: info@jcopy.or.jp）の許諾を得てください。